Lk 12
S24

PRÉCIS HISTORIQUE

DE

L'EXPÉDITION DU KOUROU

(GUYANE FRANÇAISE).

[illegible]

[illegible]

[illegible]

PRÉCIS HISTORIQUE

DE

L'EXPÉDITION DU KOUROU

(GUYANE FRANÇAISE).

1763 — 1765.

PARIS.

IMPRIMERIE ROYALE.

M DCCC XLII.

NOTE PRÉLIMINAIRE.

MINISTÈRE
DE LA MARINE
ET
DES COLONIES.

DIRECTION
DES COLONIES.

La Guyane française, malgré la vaste étendue et la fertilité de son territoire, n'est habitée que par 5,650 libres (dont 1,170 d'origine européenne) et par 15,500 esclaves. Plusieurs causes ont concouru à mettre obstacle à un accroissement de population proportionné aux ressources de cette possession. Jusqu'en 1789, les capitaux consacrés aux importations de noirs d'Afrique furent presque exclusivement dirigés vers les Antilles. De 1789 à 1815, l'affranchissement général des esclaves, la guerre maritime, et enfin l'occupation étrangère, suspendirent toute entreprise nouvelle, pour la Guyane comme pour nos autres colonies. Enfin, depuis la reprise de possession qui n'a eu lieu, pour la Guyane française, qu'en 1817, l'abolition de la traite des noirs n'a plus permis de songer à ce mode de recrutement.

Les deux principales tentatives qui ont été faites pour peupler et coloniser la Guyane française, l'une avant 1789, l'autre depuis 1815, ont été l'œuvre directe du Gouvernement, et ont eu exclusivement pour objet l'introduction et l'acclimatement de travailleurs européens dans cette colonie. L'une et l'autre ont échoué. La dernière, connue sous le nom d'*Essai de colonisation des bords de la Mana,* a déjà été l'objet d'un Précis historique publié par le département de la marine en 1835. Il restait à faire un exposé analogue des faits relatifs à la première et à la plus importante des deux entreprises, l'expédition du Kourou, effectuée de 1763 à 1765. Il a paru opportun de publier ce nouveau précis au moment où semble renaître, en présence d'une abolition imminente de l'esclavage dans nos colonies, la pensée de tirer parti, par le travail libre, des grandes ressources agricoles de la Guyane.

Quelque soin qu'ait pu mettre le département de la marine à réunir les éléments de ce Précis, il a été impossible de se procurer des documents aussi complets que ceux dont on s'est servi pour rédiger le Précis de la colonisation de la Mana. De nombreuses lacunes existent, au sujet de l'expédition du Kourou, dans le dépôt des archives coloniales ; toutefois, on espère avoir tiré, des pièces officielles qu'on a pu recueillir, toutes les informations propres à jeter du jour sur les différentes phases de cette expédition, et sur les causes de la catastrophe par laquelle elle s'est terminée.

PRÉCIS HISTORIQUE

DE

L'EXPÉDITION DU KOUROU

(GUYANE FRANÇAISE).

(1763 — 1765.)

MINISTÈRE
DE LA MARINE
ET
DES COLONIES.

DIRECTION
DES COLONIES.

A la veille de signer le traité de paix de 1763, qui enleva le Canada à la France, le Gouvernement songea à compenser la perte de cette possession par la colonisation de la Guyane française. Dans cette entreprise, il s'agissait bien moins d'ouvrir à la France un nouveau marché à la place de celui qu'elle perdait, que d'établir, sur le continent de l'Amérique, à portée de nos colonies des Antilles, une race d'hommes capables d'assister la mère-patrie dans ses guerres futures. On avait été frappé surtout de l'importance des services rendus à l'Angleterre par les colons de l'Amérique du Nord, et ce fut dans l'espoir d'obtenir plus tard un appui semblable qu'on décréta l'établissement d'une colonie

La création exclusive d'une population européenne est le principal but de l'expédition.

1.

 à la Guyane. M. le duc de Choiseul, alors ministre de la guerre et de la marine, révélait cette pensée dans les *Instructions secrètes* qui furent remises à M. Turgot, gouverneur général des possessions françaises de la Guyane [1]. « Le « sieur chevalier Turgot, y est-il dit, ne doit point perdre de « vue que l'intention de Sa Majesté est d'établir la nouvelle « colonie en blancs, tant parce que cette population est plus « compatible avec les vues de justice et d'humanité qui « animent Sa Majesté, que parce qu'elle est plus propre à « procurer à un État un degré de force capable d'imposer. « Ce système de population est d'autant plus nécessaire, « que les Anglais n'ont fait leurs conquêtes, dans la dernière « guerre, que par le moyen de leurs colonies septentrionales, « qui sont presque uniquement peuplées de blancs, et que, « *formant actuellement, à la Dominique, une colonie dont les noirs* « *sont exclus*, il est aisé de voir qu'ils méditent de faire, par « son moyen, la conquête de la Martinique et de la Guade- « loupe à la première occasion de guerre. »

Il ne faut donc pas chercher dans l'expédition du Kourou des vues de commerce ou d'économie. Elles furent systématiquement repoussées des conseils qui présidèrent à l'établissement de la nouvelle colonie ; l'objet principal n'était ni l'exploitation du sol, ni la recherche de nouveaux produits ou d'un nouveau débouché. On voulait peupler la Guyane parce qu'elle est située au vent des îles françaises du golfe du Mexique, et ainsi très-favorablement placée pour leur envoyer un prompt secours, de même que pour agir offensivement, au besoin, contre les îles anglaises. C'est

---

[1] *Instructions données par Sa Majesté au sieur chevalier Turgot, gouverneur et lieutenant général de la Guyane, art. 35.*

pourquoi les instructions que nous avons citées insistent[1] pour que le gouverneur borne, autant que possible, les travaux des colons à la culture des vivres. Il n'était question que d'acclimater sous le soleil des tropiques une population nombreuse et aguerrie ; on laissait au temps et au hasard le soin de l'enrichir.

Le Gouvernement, du reste, ne jugea pas à propos de divulguer sa politique, et il ne paraît pas que personne l'ait comprise à cette époque. Les colons furent les premiers à se méprendre sur le but de la colonisation ; séduits par les descriptions des richesses de la contrée, de la beauté du sol, de la vigueur de la végétation, ils crurent trouver à la Guyane l'abondance sans travail, tandis que les plus rudes fatigues pouvaient à peine les garantir de la misère sur une terre vierge, où l'homme devait tout attendre de lui-même. Les agents de l'administration n'eurent pas une meilleure intelligence des desseins du Gouvernement : tandis qu'ils étaient appelés à accomplir une œuvre toute de dévouement et de sacrifices, ils ne pensaient qu'à s'enrichir au plus tôt, et croyaient, comme leurs administrés, qu'une fortune facile et immédiate les attendait au but de leur traversée : aussi la plupart se lancèrent avec une légèreté inouïe dans une entreprise qui exigeait une race endurcie comme les puritains qui, les premiers, peuplèrent les solitudes de l'Amérique du Nord. Qui le croirait ? Un des premiers soins de ces agents fut d'emmener et d'installer dans la colonie une troupe de musiciens et de comédiens !

Cependant le commerce s'était ému à l'annonce de la fondation de la nouvelle colonie : les négociants considé-

[1] Art. 36.

1763—1765.

Vues du commerce et des colons différentes de celles du Gouvernement.

rèrent cette entreprise uniquement sous le point de vue naturel de l'accroissement du commerce et des richesses nationales. Une foule de plans et de mémoires furent adressés dans ce sens au Gouvernement. Ces projets avaient pour objet la fondation de grandes exploitations : les sucreries étaient dès lors regardées comme le principal élément de la prospérité des colonies. C'est à peine si quelques établissements de ce genre avaient été formés à la Guyane ; la plupart étaient, d'ailleurs, fort peu considérables, attendu le petit nombre de bras dont la colonie pouvait disposer. En tournant leurs vues vers cette sorte d'industrie, ceux qui s'intéressaient particulièrement à la prospérité de la Guyane, c'est-à-dire les négociants du Havre, de Nantes, de Morlaix, de la Rochelle, durent songer d'abord à fournir à la colonie le plus grand nombre possible de travailleurs. Ils proposèrent, en conséquence, d'augmenter la traite des noirs. Leurs divers projets furent repoussés. Il n'est pas moins intéressant de connaître, par l'analyse de ces projets, quels résultats ils auraient pu avoir, au cas où le Gouvernement, n'ayant pas d'autres desseins que celui de féconder une terre riche et inculte, au profit de l'État comme au bénéfice des particuliers, les eût adoptés en totalité ou en partie.

Le premier en date [1] vint de France même, et fut l'œuvre d'un négociant de la Rochelle. Le sieur Nau pensait que les Européens ne sont pas propres au défrichement des terres de l'Amérique méridionale ; il voulait donc que les nouveaux colons fussent uniquement occupés à conduire les esclaves, à étudier le terrain, et à déterminer les di-

Divers plans proposés pour la colonisation du Kourou, au moyen de blancs et de noirs.

Proposition d'un négociant de la Rochelle pour une vaste importation de noirs à la Guyane.

---

[1] *Mémoire adressé à M. le duc de Choiseul, ministre secrétaire d'État au département de la guerre et de la marine, par le sieur Nau, négociant à la Rochelle.*

verses plantations auxquelles il était propre. Il faisait observer que les gens aisés, encore moins les riches, ne prendraient pas le parti de passer les mers et de s'exposer aux périls de la traversée, aux hasards d'un nouvel établissement, pour cultiver de leurs mains les terrains dont on leur ferait la concession: qu'on s'exposerait, par conséquent, à former une colonie de gens sans aveu et sans ressources, parmi lesquels il serait difficile de maintenir la police, et qui, d'ailleurs, ne pourraient entreprendre aucune exploitation de quelque importance. Le sieur Nau ne trouvait qu'une solution à tous ces embarras, c'était d'importer d'Afrique à la Guyane une colonie d'esclaves noirs, en même temps qu'on y transporterait de France une colonie de propriétaires blancs. C'était là, suivant lui, la clef de la prospérité future d'un pays qui, du reste, pourrait, disait-il, non-seulement rivaliser avec les colonies de Saint-Domingue, de la Martinique et de la Guadeloupe, mais encore l'emporter sur elles; car il affirmait que le café, le rocou, le cacao et l'indigo de la Guyane étaient supérieurs à ceux de ces trois colonies.

Il reconnaissait néanmoins que le commerce de la métropole, ruiné par les dernières guerres, n'était pas en position de courir les chances du trafic des noirs à livrer aux nouveaux colons. Dans sa manière de voir, il appartenait au Gouvernement de faire les avances de ce trafic; seul, le Gouvernement pourrait accorder aux colons de longs crédits; seul, il pouvait attendre qu'on eût tiré un revenu des terres défrichées.

Il proposait donc qu'on délivrât aux colons le nombre de noirs qui serait en rapport avec l'étendue de terrain

1763—1765.

concédée à chacun, et que le gouverneur de la colonie fût chargé d'en percevoir le prix d'année en année, c'est-à-dire que tel qui aurait reçu dix noirs en rembourserait la valeur par cinquième, à partir de la deuxième année qui suivrait la livraison. Le sieur Nau estimait que dix mille noirs seraient suffisants pour les premiers besoins, et que le commerce pourrait courir les risques des demandes subséquentes. Il évaluait à six millions le montant du crédit qui serait accordé pour cet objet par le Gouvernement. D'après son plan, cette somme devait être remboursée en sept années.

On peut regarder ce projet comme le résumé des idées générales des commerçants français de l'époque sur les moyens de colonisation les plus sûrs. Il faut observer pourtant que le sieur Nau était de la Rochelle, port qui, avec celui de Nantes, envoyait alors le plus grand nombre de négriers sur les côtes d'Afrique. On pourrait donc supposer que l'auteur du mémoire que nous venons d'analyser, étant directement intéressé à la traite, émettait une opinion sans écho parmi ceux qui ne trouvaient pas profit à ce trafic ; mais des mémoires du même genre, venus de Caïenne même et émanés des autorités de la colonie, prouvent qu'on y était également d'opinion que le travail des noirs était le seul profitable, et même le seul possible, sous cette latitude.

M. d'Orvilliers, fils du gouverneur de ce nom, qu'un séjour de quarante-sept ans à la Guyane, avec l'exercice de divers emplois, avait mis à même de bien juger cette question, adressait au ministre de la guerre et de la marine un mémoire dont les conclusions étaient semblables [1]. Il

Propositions
de M. d'Orvilliers
pour la création
de sucreries
sur le Kourou,
par le travail
des noirs,
combiné
avec
des immigrations
d'Européens.

[1] *Mémoire adressé au ministre de la marine, par le sieur d'Orvilliers, le 20 mars 1763.*

s'agissait, à ce moment, de fortifier Caïenne, et M. de Behague, qui, plus tard, devait être nommé gouverneur de cette possession, avait été envoyé pour examiner l'état des fortifications existantes, et pour en faire établir de nouvelles d'après les plans qu'il avait emportés de Paris. M. d'Orvilliers faisait au ministre ses observations à ce sujet, et en prenait occasion de lui soumettre ses vues et ses remarques sur la colonisation et sur le défrichement de la Guyane; car le bruit des préparatifs de la prochaine expédition était déjà parvenu à Caïenne. Après avoir décrit la topographie du pays, après avoir indiqué les points les plus favorables pour former des établissements, après avoir fait la nomenclature et l'éloge des diverses productions de la contrée, M. d'Orvilliers passait à l'objet favori des spéculations coloniales de l'époque, c'est-à-dire à la fondation de grandes et belles sucreries.

« La rivière de Kourou, disait-il, n'étant barrée par aucun « saut ou cascade, a un cours navigable, par barque ou pi-« rogue, d'environ quarante-cinq lieues : les terrains de la « rive droite et gauche y sont très-bons et susceptibles d'y « établir nombre de belles et bonnes sucreries. » Mais il pensait également qu'il n'y avait pas de défrichement possible sans le travail des noirs. Il demandait donc aussi que le Gouvernement fît aux colons l'avance d'un certain nombre de nègres. Son plan consistait à donner aux habitants de l'ancienne colonie le plus grand nombre possible de noirs, à la seule condition que ceux-ci seraient uniquement employés à faire des plantations de vivres pour pourvoir aux besoins des nouveaux arrivants. Il faisait observer, en outre, que, de quelque ressource que fussent les vivres produits

1763—1765.

à l'avance par le sol de la colonie , il ne fallait pas compter d'abord sur ces productions pour la nourriture des Européens, et qu'elles pouvaient seulement convenir, de prime abord, à la subsistance des Africains. En effet, M. d'Orvilliers, tout en établissant la nécessité d'appuyer la future colonie des blancs sur une plus forte colonie de noirs, admettait les premiers à toute espèce de titre , mais ne consentait à les associer au travail qu'à condition qu'ils auraient pris les précautions nécessaires pour s'acclimater. Ainsi il voulait que les Européens fussent nourris par les soins du Gouvernement avec les aliments auxquels ils étaient habitués, tels que la farine de froment, le bœuf salé, etc. au moins pendant l'espace des trois premières années. Du reste, M. d'Orvilliers ne comprenait pas qu'on établît à la Guyane un seul colon sans lui fournir ou sans qu'il achetât un certain nombre de nègres. C'était pour lui le *sine qua non* de la colonisation. Ses prétentions, à cet égard, étaient même poussées fort loin, puisqu'il voulait qu'une sucrerie ne fût pas dotée de moins de cent cinquante noirs capables de travailler ; toute sucrerie qui ne serait pas ainsi pourvue ne pourrait manquer, selon lui, d'être onéreuse à son propriétaire.

Plan
de M. Morisse,
pour faire effectuer
les importations
des noirs d'Afrique
par
le Gouvernement.

Le bâtiment auquel M. d'Orvilliers avait confié ces propositions, écrites le 20 mars 1763, portait une autre pièce de même nature, mais à qui l'habileté et les études de son auteur donnaient un plus haut degré d'importance. En sa qualité de commissaire ordonnateur à Caïenne, M. Morisse, auteur du projet dont nous parlons, avait combiné avec plus de soin et d'exactitude que ses prédécesseurs un plan financier [1]. Ce plan avait également pour base l'achat d'un certain nombre de nègres aux frais du Gouvernement ; mais les époques et le mode de remboursement étaient mieux calculés et offraient plus de garanties. La colonie, disait-il, ne peut devenir puissante et riche que par l'exploitation du sol, et cette exploitation ne peut avoir lieu sans le secours des nègres. Or, ajoutait-il, la colonie n'était pas dans une position assez florissante pour faire de nouveaux achats de noirs. Les armateurs les lui vendaient trop cher et lui faisaient un crédit ruineux. Il n'y avait donc qu'un moyen de la tirer de sa langueur et de hâter les progrès de son établissement, c'était de lui fournir des noirs à bon marché, à crédit et sans intérêts. Le Gouvernement seul pouvait faire de pareilles avances.

En conséquence, le Gouvernement traiterait avec les armateurs. Le prix de la cargaison serait réparti sur chaque tête de noirs à l'arrivée dans la colonie, à raison de l'âge, de la capacité et du sexe. M. Morisse établissait qu'un fond d'avance de cinq cent mille livres dans la caisse des colonies en France serait suffisant pour cette opération ; on aurait tiré de Caïenne sur cette caisse, pour payer en lettres de change les cargaisons de nègres que les armateurs auraient expédiées.

Quant au remboursement, l'auteur du projet voulait non-seulement que le Gouvernement accordât de longs termes aux colons et toutes les facilités possibles pour s'acquitter ; mais encore qu'il reçût en payement tout ce qu'ils seraient en état de donner « des denrées et marchandises,

---

[1] *Lettre adressée de Caïenne au ministre de la guerre et de la marine, par le sieur Morisse, le 25 mars 1763.*

1763—1765.

des vivres de toute espèce, des bois, des ouvrages de leurs métiers et industrie, des prix de journées et de main-d'œuvre. » Tel était l'avis des commerçants, des fonctionnaires, et de tous ceux que leur expérience rendait compétents, sur le mode de colonisation qui devait être appliqué à la Guyane. Ces opinions venues de divers points de la France et parties de la colonie même, à peu près à la même époque, avaient une conformité remarquable. D'autres conseils prévalurent.

Projet
du baron de Bessner
pour
l'établissement
de
familles alsaciennes
à la Guyane.

Il ne nous reste plus à ajouter à ces avis donnés par des hommes de pratique, que l'utopie de M. le baron de Bessner, pour envisager sous leurs divers aspects les plans qui furent soumis, à cette époque, au ministre de la guerre et de la marine[1]. Ce système fut proposé à M. Turgot, chargé de l'expédition du Kourou, quelques mois après le retour de son auteur d'une excursion à la Guyane.

M. de Bessner offrait de se rendre en Allemagne, dans les états du Bas-Rhin, et d'engager des personnes aisées à prendre avec elles des familles qu'elles conduiraient à Caïenne en faisant tous les frais de leur passage à travers la France, ainsi que de leurs vêtements, outils, nourriture et établissement sur les lieux, à la réserve des frais de la traversée laissés à la charge de l'État :

En retour on leur aurait accordé un terrain assez considérable pour y former une seigneurie composée d'un village de dix familles, ce terrain étant de 1,600 arpents, dont la moitié aurait appartenu au seigneur, l'autre aux familles.

Pour obtenir une seigneurie de ce genre, il fallait établir

___

[1] *Rapport adressé au ministre de la marine, sur le projet de M. le baron de Bessner, le 5 novembre 1763.*

vingt familles : le titre de seigneur ne donnait, d'ailleurs, aucune juridiction sur les paysans. Le baron de Bessner estimait qu'une famille composée de cinq personnes coûterait au seigneur, pour son établissement, 1,815 francs de principal, ce qui formait une rente de 91 francs par an, dont le paysan deviendrait redevable au seigneur, et qu'il lui payerait en journées de travail. L'auteur évaluait à 17 sous et demi le prix de la journée. A ce taux, il ne fallait pas moins de cinquante-deux jours de travail d'un paysan aidé de sa femme et de son enfant pour acquitter la rente : c'était un jour par semaine.

Pour simplifier le mode de payement de cette redevance, le baron de Bessner proposait de faire défricher un terrain commun pendant quatre jours de la semaine. Trois quarts du produit reviendraient au paysan et l'autre quart au seigneur, qui, pour l'exploitation de ce terrain commun, était tenu de tout fournir et de supporter tous les frais.

L'auteur réservait, d'ailleurs, aux paysans la possibilité de se racheter. Ainsi il établissait que, si une famille de cinq personnes donnait à son seigneur, dans l'espace d'une année, deux cents journées de travail, dont le prix pouvait s'évaluer à 1 franc, elle se trouverait avoir payé, outre les 91 francs d'intérêt, 109 francs environ sur le principal. De la sorte, elle pouvait se libérer dans l'espace de sept à huit ans.

Il est superflu d'insister sur la légèreté de ce plan. Son principal inconvénient était d'établir le servage des blancs à la place de l'esclavage des noirs. Il fondait, sur le territoire de la Guyane, un état de vassalité qui faisait rétrograder la civilisation jusqu'au moyen âge. On comprend qu'il eût été

1763—1765.

impossible de maintenir la subordination et la discipline sous un seigneur qui n'était armé d'aucuns moyens coërcitifs. Au reste, le projet de M. le baron Bessner, lorsqu'il fut appliqué plus tard, n'eut pas le temps de produire tous les mauvais fruits qu'on en pouvait attendre. A peine établis sur le terrain, les Allemands qui avaient été transportés à la Guyane, en exécution de ce projet, se jouèrent de l'autorité patriarcale de leur seigneur : ils refusèrent nonseulement l'obéissance, mais le travail; ils refusèrent même de se fixer dans les villages qu'on leur avait assignés[1]. Telle fut l'issue de cette utopie, œuvre de l'imagination plutôt que de l'expérience. Nous n'en aurions pas fait mention si elle n'avait pas été goûtée et approuvée au moment même où le premier convoi des colons qui faisaient partie de l'expédition du Kourou abordait à Caïenne, et si elle ne devait pas être considérée comme une nouvelle preuve de l'inexpérience avec laquelle fut conçue et exécutée la malheureuse tentative de colonisation qui nous occupe.

Préparatifs de l'expédition du Kourou.

L'expédition du Kourou fut décidée sur les conseils du chevalier Turgot. Cet officier avait su intéresser à ses projets le duc de Choiseul, alors ministre de la guerre et de la marine, soit en flattant ses vues pour la défense des colonies, et principalement des Antilles, qu'on regardait comme menacées par les Anglais, soit en lui faisant entrevoir la colonisation comme un moyen d'assurer à sa famille une fortune aussi grande que légitime. En effet, le premier acte du Gouvernement fut la concession aux ducs de Choiseul

Concessions générales faites à la famille de Choiseul.

et de Choiseul-Praslin de toutes les terres comprises entre la rive gauche du Kourou et la rive droite du Maroni, c'est-

---

[1] *Lettre de M. de Fiedmont au ministre de la marine, en date du 10 mai 1767.*

à-dire de presque toute la partie de la Guyane française qui s'étend au nord de Caïenne jusqu'aux possessions des Hollandais[1]. Ces terres leur furent accordées en toute propriété, seigneurie et justice, tant pour eux que pour leurs successeurs, avec droits de pêche et de chasse, dans toute l'étendue de la contrée et toute la profondeur des terres; avec privilége de nommer les commandants, les officiers municipaux et de justice, dans les villes, bourgs et villages qui se formeraient dans leurs concessions respectives, et permission de donner leurs noms et ceux de leurs familles aux lieux principaux.

La seule condition qui fut mise au don de cette pro-

priété était de la défendre. Le roi voulait que les terres les plus éloignées de Caïenne fussent cultivées, précisément parce qu'elles étaient plus proches de la frontière; c'est parce qu'elles étaient limitrophes de celles des Hollandais de Surinam, qu'il convenait de les peupler. La population nouvelle servirait de barrière[2]. Les deux concessions étaient faites simultanément, afin qu'elles pussent se secourir mutuellement et correspondre aisément de proche en proche avec la ville de Caïenne, d'où l'on pouvait tirer des troupes.

Ainsi une sorte de vice-royauté était établie pour les ducs de Choiseul, qui apportaient à l'entreprise le crédit de leur nom et de leur position à la cour et dans les conseils. Du reste, on croyait avoir tout fait en préparant la défense du territoire. Il n'était nullement question des moyens de colonisation : c'était l'affaire du gouverneur.

[1] *Requête adressée au roi par les ducs de Choiseul et de Choiseul-Praslin, 1763.*

[2] *Même document.*

1763 — 1765.

M. Turgot
gouverneur.
Il reste inactif
en France.

Celui-ci n'y songeait guère ; il ne paraît pas avoir cru que sa nomination au gouvernement de la nouvelle colonie lui imposât l'obligation de s'y rendre personnellement, de la former, de la conduire à sa destination, de diriger ses opérations, de partager les mauvaises comme les bonnes chances des colons, de se sacrifier enfin au succès et au salut de l'entreprise ; il borna son concours aux communications verbales ou par écrit avec le Gouvernement, à la réception des solliciteurs, à la nomination aux divers emplois : les destinées de la colonie naissante furent abandonnées par lui à des agents subalternes, et, lorsqu'il mit le pied sur le continent américain, en décembre 1764, par les ordres positifs du roi, la colonie n'existait déjà plus.

Nous trouvons des renseignements particuliers sur le caractère et la portée d'esprit de M. le chevalier Turgot dans la correspondance de son délégué et représentant officiel, M. Thibaut de Chanvalon, intendant général de la colonie[1]. « M. le chevalier Turgot, disait-il, n'est pas « fait pour gouverner...... ce n'est pas un esprit suivi, « ni propre aux combinaisons : ses connaissances sont « étrangères à l'administration...... inconstant par son na- « turel, et parce qu'il n'a point en cela de principes fixes, « ne s'attachant qu'aux détails accessoires, et ne pouvant « embrasser l'ensemble d'un total un peu compliqué. »

Tel est le portrait de celui auquel était confiée la réussite d'une entreprise qui exigeait principalement de la fermeté, de la constance et de la stabilité d'esprit : les choses furent telles que les firent les hommes. Aussi follement

---

[1] *Lettre de M. de Chanvalon au ministre de la marine, en date du 23 juin 1764.*

conduite que mal combinée, la colonisation devait échouer. M. Thibaut de Chanvalon était peut-être plus propre que le gouverneur à la faire réussir; mais d'abord ses plans furent contrariés, et plus tard on l'accusa d'avoir montré moins de probité que d'activité et de jugement. Quoi qu'il en soit, il avait été nommé intendant général de la colonie, sur la présentation du gouverneur, qui avait d'abord manifesté une grande confiance dans ses connaissances spéciales. En effet, M. de Chanvalon avait longtemps résidé à la Martinique, où il était membre du conseil supérieur de la colonie. Aussitôt après sa nomination, qui eut lieu au commencement de l'année 1763, les préparatifs de l'expédition furent poussés avec quelque vigueur. M. de Chanvalon comprit que, dans un pays désert, la première chose à faire était de préparer à l'avance des abris. Avant de faire partir des colons, il convenait d'envoyer des ouvriers: c'est dans cette vue que M. de Préfontaine, lieutenant réformé des troupes de marine, nommé commandant de la nouvelle colonie, sous les ordres de MM. Turgot et Chanvalon, fut dirigé sur Caïenne. Il devait s'embarquer le 1er mars, pour arriver à la fin d'avril. Pendant le cours du premier mois, il aurait fait ses efforts pour rassembler les Indiens épars dans les forêts de la Guyane, et se serait occupé à reconnaître le lieu le plus propre à établir un camp, pour recevoir les colons qui devaient partir après lui, sous la direction de M. Thibaut de Chanvalon lui-même.

Ainsi la colonisation de la Guyane avait été entreprise si légèrement et avec tant de précipitation, qu'on n'avait pas même déterminé l'endroit précis de sa fondation, et on mit à la voile, pour la première expédition, sans con-

1763—1765.

naître le point où l'on planterait les tentes, dans cette vaste étendue de savanes et de forêts. Quant à la recommandation faite à M. de Préfontaine de rassembler les Indiens épars, elle tendait à comprendre les naturels du pays dans la colonie, à les réunir, à les fixer, et à fondre leur population nomade dans la population des Européens par des mariages. Pour concevoir de telles vues, il fallait avoir peu d'expérience du caractère des Indiens, de leurs mœurs errantes et de leur attachement à des coutumes qui sont leurs seules lois. C'était une erreur de plus, et une déception nouvelle qu'on se préparait.

M. de Chanvalon avait combiné le départ de M. de Préfontaine de telle sorte que celui-ci arrivât à la Guyane à la fin de la saison des pluies[1]. Après avoir consacré le mois de mai aux soins préliminaires, il devait employer les deux premiers mois de sécheresse à dresser son camp. Or M. de Préfontaine ne fut prêt à partir, non pas de Rochefort, où il aurait dû s'embarquer le 1er mars, mais de Paris, que vers le milieu de ce mois. A son arrivée à Rochefort, il trouva tous les esprits soulevés contre lui et contre l'entreprise. Partout on lui opposa des obstacles; on le tourna même en ridicule, ainsi que nous l'apprend une lettre écrite collectivement par M. Turgot et M. de Chanvalon au duc de Choiseul[2]. Mais les difficultés les plus grandes n'étaient pas à Rochefort, et celles qui retenaient M. de Préfontaine au rivage avaient leur nœud à Paris. Les demandes les plus importantes de cet officier n'avaient pas encore reçu de

Mars 1763.

Difficultés
au
moment du départ
de la première
expédition.
Retard
dans les mesures
préparatoires.

---

[1] *Mémoire présenté au ministre, le 19 juillet 1763, par MM. Turgot et de Chanvalon.*

[2] *Ibid.*

réponse[1] ; on n'avait pas fait les fonds nécessaires à son expédition ; le traitement des personnes qu'il emmenait avec
lui n'avait pas été fixé, et, dans leur incertitude, elles retar-
daient le voyage ; enfin l'autorisation d'acheter quelques
instruments destinés à l'arpentage n'avait pas été donnée.
Au 28 mars, M. de Préfontaine renouvelait ses instances au-
près du Gouvernement, par l'organe de M. Turgot, pour obtenir la solution de plusieurs points fondamentaux ; c'était :

1° Que le ministre déclarât ses intentions sur l'entretien qu'il assignerait à treize personnes qui devaient
s'embarquer avec M. de Préfontaine, pour l'aider, de leurs
soins et de leur argent, dans les dispositions à faire sur
le territoire de la nouvelle colonie. Ces personnes, dont
M. Turgot envoyait la liste à M. de Choiseul, appartenant
à la classe élevée de la société, le gouverneur jugeait qu'il
serait convenable de leur donner à chacune une gratification convenable pour leur voyage ; gratification qui com-
prendrait les frais du court séjour qu'ils devaient faire à
Rochefort jusqu'à leur embarquement.

2° Qu'on affectât à l'établissement de la nouvelle colonie un fonds extraordinaire de 1,300,000 francs. Les ré-
clamants calculaient que cette somme serait nécessaire pour
effectuer le transport et l'établissement de deux mille personnes dans le courant de l'année, et il était évident, d'un
autre côté, que les fonds ordinaires ne pourraient produire
que 400,000 ou 500,000 francs pour la nouvelle colonie,
attendu l'augmentation des dépenses qu'exigeaient alors les
anciennes possessions[2].

[1] *Note à soumettre au ministre, en date du 28 mars 1763.*
[2] *Même document, art. 5.*

Ce ne fut que deux mois après son arrivée au port de Rochefort, c'est-à-dire le 17 mai 1763 [1], que M. de Préfontaine, à moitié satisfait sur l'objet de ses réclamations, put mettre à la voile. Il partit avec les bâtiments *la Comtesse de Grammont*, *le Jason* et *l'Américain*, chargés de cent vingt-sept colons, ainsi que de vivres, d'outils et d'effets propres à l'établissement de la colonie [2]. Pendant son séjour à Rochefort, un fonds extraordinaire de 1,500,000 livres avait été affecté aux dépenses de la nouvelle colonie pendant le cours de la première année de sa fondation [3]. L'argent confié à M. de Préfontaine était destiné aux travaux publics,

aux achats de bestiaux, aux défrichements, aux cultures, aux constructions des cases, etc. On avait évalué ces dépenses préliminaires à 300,000 francs, que M. de Préfontaine devait emporter; le reste de la somme était ainsi divisé : 400,000 francs pour le fret de quatre mille tonneaux destinés au passage de deux mille habitants qui devaient partir sous la conduite de l'intendant-général de la colonie, et pour l'achat des vivres et outils à la charge de l'État; 800,000 francs pour achats de vivres et de tous les effets nécessaires à la nouvelle colonie, tant pour les deux mille colons qui devaient arriver avec M. de Chanvalon, que pour préparer les lieux à la réception de la nouvelle émigration qui devait être dirigée par le gouverneur en personne.

Il convient de ne pas passer sous silence un article par-

---

[1] *Mémoire présenté au ministre, le 19 juillet 1763, par MM. Turgot et de Chanvalon.*

[2] *Note à soumettre au ministre, en date du 23 mars 1763.*

[3] *Rapport au ministre, en date du 2 mai 1763.*

ticulier de ce crédit. Cet article accordait à MM. Turgot et Thibaut de Chanvalon 200,000 francs comptant, à titre de gratification, et pour les mettre en état de partir et de *faire plusieurs dépenses utiles au bien de la nouvelle colonie*.[1]

M. de Préfontaine mouilla le 14 juillet dans la rade de Caïenne[2]. M. de Behague, ex-lieutenant-colonel d'un régiment de dragons, occupait alors le poste de gouverneur de la colonie, et M. Morisse remplissait près de lui les fonctions de commissaire-ordonnateur. Le premier ne vit pas arriver sans ombrage un délégué de la métropole, dont les fonctions, mal déterminées, pouvaient être étendues au delà des bornes d'une colonisation. De leur côté, les habitants de l'ancienne colonie n'avaient pas compris tous les avantages qu'ils pouvaient tirer de la fondation de la nouvelle, et ils ne voyaient pas son établissement sans jalousie, quoiqu'elle dût augmenter la richesse et la puissance du pays. Elle était favorisée par le Gouvernement de la métropole, et cela suffisait pour qu'elle excitât l'envie et la rivalité des anciens colons, qui se regardaient à tort comme dédaignés. Les difficultés que M. de Préfontaine avait rencontrées à Rochefort furent donc, en quelque sorte, renouvelées à Caïenne : de son côté, il avait peut-être autant de défiance de l'ancienne colonie que celle-ci avait de mauvais vouloir pour la nouvelle; il apporta la plus grande roideur dans ses rapports avec les autorités de Caïenne. M. de Behague lui ayant montré ses pouvoirs, il refusa de communiquer les siens; il ne voulait pas reconnaître que le gouverneur eût aucun droit à cette exhibition, et prétendait exercer

Mai 1763.

14 juillet 1763

Arrivée
à la Guyane.

Difficultés
à Caïenne
au début
des opérations.

---

[1] *Rapport au ministre, en date du 2 mai 1763.*
[2] *Art de vérifier les dates*, IIIᵉ partie; Guyane, page 171.

Juillet 1763.

une autorité indépendante et directe sur les habitants de la partie du nord, en vertu des ordres du roi et de sa commission, qu'il ne produisait pas. D'ailleurs, cette commission n'avait pas été conçue en termes assez explicites pour éviter toute ambiguïté, puisqu'il n'y était nullement question de M. de Behague. Il résulta de cette omission un conflit d'autorité qui engendra mille tracasseries des deux parts, et mit obstacle à la prompte exécution de la mission dont M. de Préfontaine était chargé [1].

Travaux d'installation. Coopération des jésuites de la mission du Kourou.

Cependant MM. de Behague et Morisse crurent devoir lui offrir d'imposer aux habitants de l'ancienne colonie l'obligation de fournir, à titre de corvée, un certain nombre de noirs esclaves pour coopérer à la construction des bâtiments qu'il allait élever. Mais M. de Préfontaine refusa de rien devoir à leur entremise, pensant que ce serait faire acte de reconnaissance de leur autorité supérieure ; il aima mieux recourir à divers expédients moins certains.

Sur la rive droite du Kourou, en face du camp qu'il voulait former, était située une habitation considérable appartenant aux jésuites de la mission du Kourou ; ceux-ci se trouvaient dans une position délicate par suite de l'édit qui abolissait leur société. M. de Préfontaine profita de ces circonstances, ainsi que d'une liaison qu'il avait entretenue jusque-là avec le P. Ruelle, supérieur de la mission, pour obtenir de ce dernier les secours qu'il ne voulait pas devoir à M. de Behague. En effet, les pères réunirent environ quatre-vingts noirs, pris sur leurs diverses habitations, et les envoyèrent, sous la conduite d'un frère, à M. de Pré-

---

[1] *Lettre adressée au ministre par MM. de Behague et Morisse, en date du 15 décembre 1763.*

fontaine, qui les appliqua immédiatement à ses travaux. Ces noirs avaient été prêtés pour un mois seulement, et M. de Préfontaine, qui les avait reçus à Kourou vers la fin de juillet, devait les rendre à la fin d'août : mais, soit qu'il eût mal calculé le nombre des constructions à établir, soit que le travail des noirs ne répondît pas à ses espérances, il arriva que le camp n'était pas encore terminé au commencement de novembre. M. de Préfontaine retenait toujours les esclaves malgré les représentations et les réclamations des religieux. Le 10 novembre, lorsqu'il ne restait plus que quelques jours de travail pour achever l'ouvrage commencé, le P. Ruelle fit enlever les noirs par le même frère qui les avait conduits ; les détachements que le commandant envoya à leur poursuite ne purent les ramener [1]. On avait perdu beaucoup de temps ; M. de Préfontaine était menacé de la prochaine arrivée du convoi de M. de Chanvalon ; il sentit que l'époque des tergiversations était passée ; il s'adressa, d'une part, aux habitants de la partie du nord, les sommant de lui fournir des noirs de corvée pour le compte de l'État, et demanda, de l'autre, à M. de Behague lui-même, de lui faire obtenir, dans la partie de la colonie que celui-ci avait sous ses ordres, le secours de trente travailleurs. M. de Behague s'empressa de se rendre à la prière qui lui était faite ; mais les habitants, auxquels M. de Préfontaine s'était adressé directement, déclinèrent une autorité qui n'avait pas été officiellement reconnue, et refusèrent l'aide de leurs esclaves, sous prétexte qu'ils avaient déjà fourni toutes les corvées qui leur avaient été

Juillet 1763.

Novembre 1763.
Retards
dans la constructi-
du camp
destiné au logeme
des colons.

Refus
de coopération
des anciens colon
de la Guyane.

---

[1] *Lettre adressée au ministre par MM. de Behague et Morisse, en date du 15 décembre 1763.*

imposées pour cette période de temps. Au milieu de
ces démêlés, les travaux commencés furent mal achevés;
d'autres, qu'on aurait dû entreprendre, furent négligés, et,
quand l'émigration, conduite par M. de Chanvalon, arriva
au camp, l'établissement n'était encore qu'ébauché ; le
nombre des cases était de beaucoup inférieur à celui des
colons; l'objet de la mission préliminaire de M. de Préfontaine était manqué, et l'expédition se trouvait en butte à
tous les inconvénients et à tous les périls que cette mission avait pour objet de lui faire éviter[1].

Pendant que les choses se passaient ainsi à la Guyane,
MM. Turgot et de Chanvalon se consumaient, à Paris, dans
une activité stérile. Leurs réclamations, qui se succédaient,
insistaient sur une foule d'intérêts secondaires, et rien n'a-
vançait. Les promesses faites n'étaient point tenues. On
préparait un acte pour régler le sort des colons, mais on ne
faisait pas les fonds demandés et promis pour leur départ
et leur installation. Tous ces retards concoururent à la
perte de l'entreprise, comme on le verra plus loin.

Le projet de l'acte dont nous venons de parler portait le
titre de *Lettres-patentes à faire enregistrer au conseil supérieur
de Caïenne* ; il réglait deux points importants[2] : la liberté
des cultes et l'ordre des successions. Au sujet de la première de ces deux questions, on déclarait que tout étranger
résidant dans la nouvelle colonie, et faisant profession de
quelqu'une des religions admises ou soufferts en Alle-

---

[1] *Lettre adressée au ministre par* MM. *de Behague et Morisse, en date du
15 décembre 1763.*

[2] *Projet de lettres-patentes à faire enregistrer au conseil supérieur de Caïenne,
en faveur des étrangers, des enfants naturels, etc. qui iront s'établir à Caïenne.*

magne, ne pourrait être inquiété pour sa croyance. Quant à l'autre point, le projet de lettres-patentes déterminait que les étrangers établis dans la colonie ne seraient sujets à aucun droit d'aubaine, qu'ils jouiraient indistinctement, tant pour la disposition de leurs biens pendant leur vie, que pour l'ordre des successions après leur mort, de tous les droits dont jouissent les naturels français ; et ce, pour tous leurs biens meubles et immeubles, quelque part qu'ils fussent situés. Enfin, comme mesure complémentaire de ces dispositions, le même projet admettait à jouir de tous les droits reconnus aux citoyens français, dans toute l'étendue du royaume, les étrangers qui auraient fait valoir des habitations ou travaillé pendant l'espace de dix ans, soit dans l'île de Caïenne, soit dans la nouvelle colonie, à la charge de continuer d'avoir leur domicile dans le royaume.

Ces dispositions étaient prises particulièrement en vue de l'Alsace, d'où l'on voulait tirer le plus grand nombre des émigrants. Néanmoins M. Turgot cherchait des recrues dans d'autres contrées : il avait supposé que les habitants de l'île de Malte étaient éminemment propres à accomplir l'œuvre de la colonisation. Dans cette persuasion, il s'était adressé directement au grand maître ; celui-ci avait répondu par un refus appuyé sur les observations suivantes : L'île de Malte ne renfermant que quinze mille hommes en état de porter les armes, et le défaut de population laissant le pays à moitié inhabité, on devait renoncer à l'espoir d'obtenir qu'aucune émigration fût favorisée : dans tous les cas, les Maltais paraissaient peu propres à la culture des terres, qu'ils négligeaient dans leur propre pays pour se livrer à la navigation. D'un autre côté, lorsqu'il arrivait que

Novembre 1763.

Projet de comprendre des Maltais parmi les émigrants.

Novembre 1763.

des Maltais s'expatriassent, il était rare qu'ils fussent absents pendant plus de deux ans, leur naturel ne leur permettant de se fixer nulle part [1].

Projet de déporter au Kourou les militaires déserteurs.

Repoussé de ce côté, M. Turgot forma une autre combinaison, qui ne fut pas plus heureuse. Il remarquait que la peine de mort qu'on infligeait aux déserteurs n'avait pu empêcher jusque-là les désertions ; elle avait fait perdre inutilement au royaume un très-grand nombre de sujets. Ne pouvait-on pas tirer un très-grand parti des déserteurs, en les faisant condamner par les conseils de guerre aux travaux publics de la nouvelle colonie ? La proposition méritait, disait-il, une attention d'autant plus sérieuse, que tous les travaux publics de la colonie ne pourraient se faire de longtemps sans détourner les habitants du travail le plus indispensable : celui de la culture et de l'établissement des habitations [2].

Réduction et division es crédits ouverts pour première année.

Cette proposition n'eut pas de suite, et l'on songea à faire enfin partir le convoi que devait diriger M. de Chanvalon ; mais de nouvelles difficultés se présentaient : au lieu des 400,000 francs qui devaient être remis à l'intendant, suivant le premier plan qu'on avait arrêté, on n'en proposait plus que 300,000, et, en définitive, on n'en voulait donner que 200,000 à diverses échéances. Il fallut réclamer de nouveau. « Nous devions avoir 300,000 francs « dans la caisse de la nouvelle colonie, disaient le gouver- « neur et l'intendant, dans un mémoire adressé au ministre « de la guerre et de la marine..... cependant on ne remet « dans la caisse que 200,000 francs, sur lesquels il faudra

[1] *Rapport au ministre, à la date du 12 juin 1763.*
[2] *Rapport au ministre sur la nécessité de lois particulières pour la colonie.*

« payer les appointements de tous ceux qui sont sur l'état,
« ainsi que toutes les dépenses de la nouvelle colonie ;
« et l'on n'envoie point d'argent pour l'ancienne colonie,
« où la caisse est vide, où il y aura cependant à payer
« le prêt des troupes, les fournitures des hôpitaux, les
« ouvriers pour les travaux du roi, et toutes les autres
« dépenses [1] ».

A ces plaintes succéda l'arrangement suivant. Sur les
200,000 francs déjà versés, il fut convenu qu'on enverrait
100,000 livres à Caïenne, dont 50,000 francs seraient
affectés au service de l'ancienne colonie, 50,000 aux besoins de la nouvelle ; qu'ensuite on y ferait passer, par les
mains de M. de Chanvalon, 150,000 francs en trois termes :
un tiers en octobre, un tiers en novembre, le reste en
décembre, tant pour parfaire les 300,000 francs destinés à
la nouvelle colonie, que pour les appointements de MM. de
Chanvalon et de Préfontaine.

En outre, le Gouvernement s'engageait à faire passer,
chaque année, pareille somme de 300,000 francs pour les
dépenses de la nouvelle colonie, et pour payer ses appointés,
indépendamment de 200,000 francs destinés aux appointements du gouverneur, de l'intendant et du commandant.
D'ailleurs, une somme de 150 à 200,000 francs devait être
réservée, en France, chaque année, sur le fonds extraordinaire destiné à la nouvelle colonie, pour faire face aux
besoins et événements imprévus. Par la suite, ces calculs
se trouvèrent énormement dépassés ; s'il est vrai que plus
de 30 millions aient été dépensés pour cette tentative de

----

[1] *Mémoire sur le départ de la nouvelle colonie, à la date du 19 juillet
1763.*

colonisation, ainsi que l'affirme M. Malouet dans ses mémoires [1].

La question des subsides arrêtée, ainsi que nous venons de
le rapporter, il restait encore beaucoup de points à régula-
riser. Ainsi l'on n'avait pas fixé le sort et le traitement de
la plupart des employés; on avait expédié au sieur Lair
le brevet de prévôt de la maréchaussée, mais il n'y avait
pas de maréchaussée; et, eût-elle été formée, on n'avait
pas de chevaux pour la monter; lors même qu'on eût
acheté ces chevaux en France, on n'avait pas de bâtiments pour les transporter. On était convenu d'envoyer
dans la colonie du bétail qui pût faire souche, car les
savanes offraient toutes les ressources désirables pour l'é-
ducation des bestiaux. Or, non-seulement les taureaux et
les génisses nécessaires n'avaient point été achetés, mais le
bâtiment qui devait les transporter n'était pas frété. L'ancienne colonie, ruinée par la dernière guerre, n'avait pas
alors un seul bâtiment en état de tenir la mer; cependant
on avait reconnu la nécessité d'entretenir par mer des
communications entre les deux colonies et avec les divers
points de la côte; en conséquence, on avait demandé pour
cet usage deux brigantins. Ils n'avaient pas été achetés.
Il en était ainsi d'une multitude d'objets qui pouvaient paraître, en France, d'utilité secondaire, mais qui étaient, en
réalité, de première nécessité pour la prospérité de la
colonie [2].

Après beaucoup de démarches infructueuses, après de

[1] *Articles proposés au ministre par MM. Turgot et de Chanvalon, et arrêtés,
le 26 juillet 1763, pour la nouvelle colonie de Caïenne.*

[2] *Mémoire sur le départ de la nouvelle colonie, 19 juillet 1763.*

longues attentes, dans l'intervalle desquelles M. Turgot ne pouvait pas même approcher de M. le duc de Choiseul (ce dont il se plaint, d'ailleurs, assez vivement), on obtint que les choses seraient réglées ainsi qu'il suit : deux vaisseaux, frétés au Havre, furent destinés à porter à la Guyane, l'un quarante chevaux ou juments, l'autre autant de génisses qu'il pourrait en contenir. Ces deux vaisseaux durent partir promptement, ainsi que deux autres bâtiments en armement à Bayonne et à Toulon, pour effectuer le transport de volailles, brebis, porcs et autres animaux destinés tant à faire souche qu'à alimenter la nouvelle colonie, et surtout à être employés pour les hôpitaux.

Un brigantin de soixante à quatre-vingts tonneaux dut être acheté pour le service de la colonie, ainsi que quatre chaloupes biscaïennes destinées à la pêche.

On fit faire l'acquisition des instruments nécessaires à l'arpentage, et on donna l'ordre de lever une carte géographique pour l'astronome et les arpenteurs.

Enfin (chose non moins importante aux yeux des chefs de l'entreprise), on les autorisa, par lettres, à encourager le mariage des colons avec les filles des Indiens [1].

Ces diverses dispositions furent réalisées vers la fin de juillet.

D'après le plan de M. de Chanvalon le convoi qu'il devait commander aurait dû partir le 1er juin ! De même que M. de Préfontaine n'avait pu mettre à la voile que trois mois après l'époque désignée pour son embarquement, de même l'intendant général devait se voir obligé de retarder son

[1] *Articles proposés au ministre par MM. Turgot et de Chanvalon, arrêtés, le 26 juillet 1763.*

départ de près de cinq mois. Cependant l'exactitude était ici d'une importance capitale. A la veille de partir, M. de Chanvalon prit soin d'avertir le ministre de tous les dangers que ces retards faisaient courir à l'entreprise. En effet, il avait combiné, ainsi que nous l'avons dit plus haut, l'époque des diverses traversées, et celle de l'exécution des travaux à faire sur le territoire de la colonie, avec les révolutions périodiques des saisons dans le climat de la Guyane. Si M. de Préfontaine était parti le 1er mars, il eût pris terre à la fin d'avril. Les pluies ne cessant guère qu'au mois de juin, il aurait employé en préparatifs divers le premier mois qui aurait suivi son arrivée. Les deux premiers mois de sécheresse, juin et juillet, eussent été consacrés par lui à établir le camp destiné à recevoir les colons. M. de Chanvalon serait arrivé à cette époque, et les émigrants qu'il amenait à sa suite auraient joui, pendant deux autres mois, de la fin de la belle saison. Durant cet intervalle, ils se seraient refaits de leurs fatigues et auraient pu attendre sans danger l'achèvement de leurs habitations, au cas où elles n'eussent pas encore été prêtes : ils eussent pu même activer les constructions en y travaillant eux-mêmes. Cependant M. de Chanvalon aurait pu parcourir le continent, reconnaître le pays et les situations propres à placer des habitations; il aurait mis les colons en possession de leurs terres avant les pluies. Ils auraient été établis chacun sur leur concession et en auraient eu immédiatement la jouissance. L'ardeur qu'ils témoignaient pour l'établissement de la colonie se serait soutenue; elle aurait dicté les lettres envoyées en Europe, et ces nouvelles auraient eu pour résultat d'encourager les émigrations de France et de l'étranger. En outre, la saison aurait assuré une traversée tranquille aux émigrants, et, à l'arrivée, elle leur aurait épargné les maladies épidémiques qui règnent dans les saisons pluvieuses. En dispersant les colons sur leurs habitations respectives, on aurait écarté les maladies qui peuvent résulter de l'agglomération d'un nombre considérable d'hommes dans un même lieu. La police et le bon ordre se seraient établis et auraient été maintenus beaucoup plus facilement, parce que chacun se serait occupé de ses travaux, et que, d'ailleurs, les colons auraient été divisés et répandus dans différents cantons. Le désordre et les vices, résultant principalement de l'oisiveté, n'auraient point eu de prise sur des hommes occupés [1].

Ces avantages se trouvèrent compromis, en grande partie, par le dérangement des combinaisons de M. de Chanvalon. L'expédition arrivant dans la saison pluvieuse devait fatalement rester oisive; en outre, la traversée que devait faire M. de Chanvalon n'était pas sans péril. On touchait à l'équinoxe au moment où les navires eurent fini leur chargement et furent prêts à prendre la mer.

Vers la fin d'octobre seulement les préparatifs de départ furent achevés; quinze jours se passèrent encore dans les derniers soins. Enfin M. de Chanvalon put mettre à la voile le 14 novembre 1763.

Le convoi dirigé par l'intendant était composé de onze bâtiments, qui portaient quatorze cent vingt-neuf passagers, avec leurs effets, les approvisionnements de vivres, vêtements et autres objets, pour la nouvelle colonie. C'étaient:

[1] *Mémoire adressé au ministre, par MM. Turgot et de Chanvalon, le 19 juillet 1763.*

Décembre 1763.

la frégate *la Comète;* les trois flûtes *le Danube, la Normande* et *la Fortune;* le brigantin *le Saint-Philippe*, destiné à rester dans la colonie pour les communications par mer; *l'Artibonite*, qui servait de ménagerie; *la Gloire*, employée comme hôpital; puis : *la Nanette, l'Aimable-Thérèse, le Jupiter, le Boute-en-Train.* Indépendamment de ces 1429 personnes, 533 colons étaient déjà passés à la Guyane, soit en même temps que M. de Préfontaine, soit postérieurement[1]. Le 22 décembre, le convoi entra dans la rade de Caïenne.

Arrivée
à Caïenne
le 22 décembre.

Réception
de l'intendant
à Caïenne.
Premiers
symptômes
d'hostilité entre lui
et son
subdélégué.

M. de Chanvalon, malgré sa qualité d'intendant général de la Guyane, fut reçu à terre sans aucune espèce de cérémonial; il en fut profondément blessé. Les germes d'hostilité qui existaient déjà entre lui et M. Morisse, son subdélégué pour l'ancienne colonie, s'en accrurent et ne firent plus que s'envenimer; cette mésintelligence eut les plus funestes résultats. Déjà le mauvais vouloir de M. Morisse et la roideur de M. de Préfontaine avaient compromis, comme on l'a vu, dès son principe, l'avenir de la colonisation.

Négligence
apportée
dans les préparatifs
prescrits
pour effectuer
le transport
des colons
de Caïenne
à Kourou.

Nous avons dit qu'en France on avait senti la nécessité d'assurer les transports et les communications par mer entre l'ancienne et la nouvelle colonie. On savait que la colonie n'avait alors, dans le port, ni bateaux, ni pilotes côtiers qu'on pût employer au service public. Or, tandis que, d'une part, les navires qui tiraient plus de quatorze pieds et demi d'eau[2] ne pouvaient entrer dans ce port; de l'autre, les bâtiments légers pouvaient seuls traverser la barre du Kourou

---

[1] *État des bâtiments expédiés du port de Rochefort pour la nouvelle colonie.*

[2] *Correspondance de M. de Chanvalon avec le ministre, lettre n° 12.*

et remonter la rivière jusqu'au camp. En conséquence, dès Décembre 1763.
l'époque où l'on avait songé à faire partir M. de Préfontaine, des ordres avaient été expédiés à M. Morisse, pour
lui enjoindre de préparer des bateaux et d'engager des pilotes côtiers pour le moment de l'arrivée du commandant.
Mais l'ordonnateur avait opposé l'inertie à ces prescrip-
tions : à son arrivée à Caïenne, M. de Préfontaine n'avait
pu trouver un seul pilote qui le guidât sur la côte. A l'entrée
de la rivière, l'un des trois bateaux que cet officier avait
réunis à grand'peine pour aller à Kourou avec ses compa-
gnons, avait échoué sur la barre par suite de l'inexpérience
des patrons. M. Morisse fut également sourd aux ordres qui
lui furent transmis de la métropole pour préparer le transport de M. de Chanvalon et des colons que celui-ci condui-
sait. Il fit plus, si l'on en croit les assertions de l'intendant
lui-même : toutes les pièces nécessaires pour former six chaloupes lui avaient été expédiées par les soins du ministre de
la marine; il ne s'agissait plus que de les assembler : M. de
Chanvalon apprit, à son arrivée, que ces pièces avaient été
perdues; les débris qui purent être retrouvés dans les magasins suffirent à peine à construire une chaloupe[1].

L'intendant fut instruit en même temps de toutes les Difficultés
difficultés qu'offraient les abords du camp établi sur le à l'entrée
et à la sortie
de la rivière
de Kourou.
Kourou par M. de Préfontaine. Il apprit que l'entrée de
cette rivière était en quelque sorte fermée par un banc de
sable. Il existait néanmoins une passe qui contenait, aux
grandes marées, jusqu'à quinze pieds d'eau : mais comme
la lame brisait quelquefois avec force sur le banc de sable,
les bâtiments qui tiraient plus de dix pieds étaient expo-

[1] *Défense de M. de Chanvalon, page 264.*

Décembre 1763.

sés à toucher et à talonner. Ce n'étaient pourtant là que les difficultés qui se présentaient à l'entrée de la rivière; il y en avait de plus grandes à la sortie. Les vents du nord qui règnent dans cette saison [1] enfilent directement la rivière et sont précisément contraires aux passes. On annonça à l'intendant que les bateaux ne pourraient sortir du Kourou que lorsque les vents changeraient, ou dans les temps calmes, en les faisant remorquer et conduire par des chaloupes au delà de la barre : or il n'y avait qu'une chaloupe et point de bateaux.

Arrivée
de l'intendant
à Kourou,
le 25 décembre
1763.

M. de Chanvalon ne se laissa pas arrêter par ces dangers, qu'on grossissait peut-être à dessein. Laissant à Caïenne ses navires procéder lentement à un débarquement difficile et quelquefois périlleux, il partit, le 25 décembre, avec des matelots italiens qui « n'avaient jamais manié d'aviron; » quelques canots et bateaux de pêche, loués dans le port de Caïenne, le suivaient, portant un certain nombre de colons, déjà débarqués des navires de l'expédition. La distance fut heureusement parcourue, la chaloupe franchit la barre et guida les bateaux dans la passe. L'intendant fit une sorte d'entrée triomphale au camp.

Description
du camp.

Ce camp était situé à un tiers de lieue [2] au-dessus de l'embouchure du Kourou, sur la rive gauche. M. de Préfontaine avait fait défricher le terrain sur une étendue d'environ quatre cents toises le long de la rivière. Le défrichement ne dépassait pas deux cents toises en profondeur, depuis le bord de la rivière jusqu'à la ceinture des grands bois qui croissent au nord de Kourou. Mais il s'en fallait de beaucoup que cette

---

[1] *Correspondance de l'intendant avec le ministre, lettre n° 13.*
[2] *Plan du camp de la nouvelle colonie de la Guyane française.*

étendue fût couverte par les constructions destinées à rece- Décembre 1763.
voir les nouveaux habitants de la France équinoxiale. M. de
Préfontaine, en descendant sur cette plage, avait trouvé une
église entourée de quelques hangars ; c'était la mission de
Kourou. C'est autour de cette église que les ingénieurs
firent le tracé de la ville nouvelle, et que les premières constructions s'élevèrent. A l'époque du plus grand encombrement des colons dans le camp de Kourou, ces constructions
n'occupaient pas plus de cent toises de terrain, indépendamment de l'hôpital, d'une intendance projetée et d'un
grand magasin, placés en dehors de cet espace. A droite
de l'église, en face de la rivière, on avait élevé quatre
rangées de carbets, espèce de maisons à un étage au rez-
de-chaussée[1], construites avec des troncs d'arbres fichés en
terre, et couvertes de feuilles ; on avait ménagé entre elles
l'espace de cinq rues transversales qui portaient les noms
de divers officiers de la colonie. Un puits était creusé au
centre. A la gauche de l'église, des hangars placés sur le
terrain, antérieurement à l'arrivée de M. de Préfontaine,
avaient été utilisés pour former le logement du gouverneur.
En arrière on avait tracé l'enceinte d'un jardin potager dont
les produits devaient être affectés aux besoins des colons. A
l'extrémité de ce jardin était la demeure du commandant.
Les casernes bornaient le camp de ce côté.

Telle était la configuration générale du camp, au moment du premier débarquement de M. de Chanvalon.
Par la suite il élargit ces limites : d'autres bâtiments furent
construits au nord de cette première enceinte ; dix nouvelles rangées de carbets, formant autant de rues, furent

---

[1] *Plan du camp de la nouvelle colonie de la Guyane française.*

3.

Décembre 1763.

destinées à recevoir la population pressée des émigrants. Le chirurgien Noyer, l'intendant de Chanvalon, le gouverneur Turgot, le commandant de Préfontaine, le baron d'Haugwitz, donnèrent leur nom à ces rues encombrées de chicots de palmistes et d'arbres sauvages, que les noirs employés au défrichement avaient laissé subsister à la hauteur de trois ou quatre pieds[1]. Un vaste hôpital, une boulangerie, un laboratoire et des forges furent également élevés en dehors des premières limites. Enfin un grand magasin, d'une étendue de près de cinquante toises, fut établi le long de la rivière au-dessus du camp. Aux deux extrémités s'étendaient les palétuviers; en arrière les grands bois. On y fit une percée pour le cimetière, qui devait être bientôt plus peuplé que le camp même.

Réception
de
M. de Chanvalon,
au camp
de Kourou.

Toute la colonie rassemblée sous les armes était accourue au rivage pour recevoir l'intendant. Elle était alors composée des ouvriers et colons partis de France, soit à la suite de M. de Préfontaine, soit depuis son établissement à Kourou. Nous avons dit que le nombre des passagers transportés à la Guyane était déjà de 533, avant le départ de M. de Chanvalon : l'intendant, à sa descente, trouva, en outre, installés dans le camp les 3oo passagers de la frégate *la Fortune*. Bien qu'elle fît partie du convoi de M. de Chanvalon, elle avait précédé de près de huit jours l'arrivée des autres bâtiments.

Insuffisance
des
logements préparés
pour
les colons.
Premier voyage
de l'intendant
en remontant
la rivière.

Après avoir parcouru le camp, et avoir reconnu qu'il ne contenait point assez de logements pour recevoir les nouveaux colons, M. de Chanvalon fit deux voyages en remontant, le premier jour, le cours de la rivière, et, le second, celui d'une crique navigable qui se jette dans le

---

[1] *Journal de la marine*. Récit du général Bernard

Kourou, à une lieue environ au-dessus de son embouchure[1]. Décembre 1763.
Dans l'enthousiasme du premier moment, il trouve tout
admirable et défie les obstacles : « Je vis partout, dit-il, les
« situations les plus convenables, et pour la paix et pour la
« guerre; les terres les plus propres à toute sorte de pro-
« ductions; les prairies les plus belles, qui ont une étendue
« immense, entrecoupées par des bouquets de bois plus
« ou moins considérables; toutes ces terres sont plates et
« unies, faciles à travailler par la qualité de leur sol : je
« ne me lasse point d'admirer toutes celles que je parcours;
« partout elles semblent n'attendre que des bras et surtout
« des bestiaux. Ces prairies naturelles donneront les plus
« grandes facilités aux nouveaux colons; c'est une avance et
« une épargne pour eux, au moins de deux ans de travail,
« qu'il leur en aurait coûté pour défricher et faire des prai-
« ries; celles-ci sont faites, il ne s'agit que d'y construire
« leurs logements et d'y jeter des bestiaux. »

L'intendant se concerta avec son subordonné, et ils re-
connurent que, par suite du défaut d'embarcations, il ne faudrait pas moins de trois mois[2] pour transporter à Kourou
tous les passagers du convoi, avec leurs bagages, ainsi que
les effets et provisions destinés à la colonie. Il était permis
d'espérer que, pendant cet intervalle, les colons déjà établis
parviendraient à compléter, malgré la saison, le nombre de
carbets indispensables aux nouveaux arrivants; mais les co- Les colons refusent
de se livrer
aux travaux
d'utilité publique.
lons ne se croyaient pas tenus de travailler gratuitement
pour le roi et pour le bien-être général de la colonie[3]. Bien

---

[1] *Correspondance de l'intendant, lettre n° 4.*
[2] *Défense de M. de Chanvalon.*
[3] *Ibid. page 252.*

qu'ils n'eussent point acheté de terres, qu'ils n'eussent payé ni leur passage, ni leur nourriture, ils prétendaient non-seulement posséder immédiatement, mais encore s'enrichir sans peine et sans délais. On conçoit combien ces dispositions devaient ajouter d'obstacles à ceux qui naissaient du climat, du dénûment de l'ancienne colonie, et de la défiance manifestée par les administrateurs de Caïenne.

A ce moment pourtant, tous les cœurs étaient exaltés par l'arrivée de l'intendant, et celui-ci comptait beaucoup sur l'ardeur, la confiance, l'union qui régnaient parmi les colons [1].

M. de Chanvalon jugea qu'il était urgent de vaincre le préjugé qui faisait regarder la sortie de la rivière comme impossible, si ce n'est le matin avant le lever du vent et dans des temps très-calmes [2]. Il exerça ses matelots, et leur fit courir des bordées sur la rivière. Le cinquième jour il partit avec le reflux malgré le vent, et sa sortie de la rivière fut accompagnée, comme son entrée, par les acclamations des colons.

Avant son départ de France, l'intendant avait reçu des sommes d'argent de personnes qui voulaient obtenir des terres à la Guyane. Ce dépôt donna lieu à la division des colons en deux classes : celle des concessionnaires et celle des cultivateurs. Suivant l'aveu de l'intendant lui-même, les sommes versées dans ses mains, soit en argent, soit en billets, montaient à 172,247 francs 5 cent. [3] Il n'en était, d'ailleurs, que dépositaire, elles devaient être restituées

---

[1] *Correspondance de l'intendant, lettre n° 4.*

[2] *Correspondance de M. de Chanvalon, lettre n° 6.*

[3] *Défense de M. de Chanvalon, page 36.*

Janvier 1764;

à leurs propriétaires [1]; ces dépôts n'étaient demandés aux concessionnaires que comme garantie. On voulait que les terres ne pussent être confiées qu'à des hommes qui auraient les moyens de les défricher et de les faire valoir. M. de Chanvalon dut s'occuper, en conséquence, de faire explorer le pays pour y tracer les concessions. Elles devaient être placées à l'abri des inondations, et cependant situées sur les bords de la rivière, car il était impossible de s'en écarter dans un pays privé de toute autre voie de communication. A son retour du camp, l'intendant donna l'ordre au sieur Boulongue, ingénieur géographe du roi, de remonter le Kourou, de le sonder, d'examiner les terrains environnants et de tracer les limites des concessions à accorder. Cette opération, qui aurait dû précéder toute occupation de la nouvelle colonie, se fit à diverses reprises et dura plus de trois mois.

Impossibilité d'envoyer en Fran des lettres pour prévenir l'envoi de nouveaux colon

L'intendant passa à Caïenne la plus grande partie de ces trois mois. Le débarquement des passagers dans ce port s'accomplissait plus vite que leur transport à Kourou. Quand M. de Chanvalon les eut logés tant bien que mal dans la ville, il ne se pressa nullement de les faire parvenir à leur destination. Était-ce calcul, était-ce indifférence? L'intendant a prétendu, dans le mémoire destiné à sa justification, que toutes ses dispositions pour l'installation des colons étaient parfaitement prises, et que ses soins auraient suffi à tout s'il avait eu le temps de se préparer à recevoir les nouvelles émigrations que le Gouvernement lui fit passer avec un empressement bien funeste. Il affirme qu'il n'attendait pas de nouveaux colons avant la fin de l'année; il

---

[1] *Instructions particulières données au chevalier Turgot, art. 16.*

Février 1764.

rappelle, dans sa défense, qu'on était convenu qu'aucun bâtiment ne lui serait expédié avec des émigrants, avant que des lettres adressées par lui au ministre n'eussent donné le signal de ces envois. Au moment de son arrivée à Caïenne, un paquebot partait pour France ; il demande qu'on suspende le départ du bâtiment pour le charger de ses lettres ; mais c'est vainement ; M. Morisse élude cette demande, et le paquebot part sans dépêches de M. de Chanvalon. Dans les trois mois qui suivirent, pendant lesquels le transport et le placement des colons furent lentement effectués, il ne se présenta pas une seule occasion d'envoyer des lettres en France, et, à vrai dire, M. de Chanvalon ne paraît pas en avoir écrit beaucoup d'officielles.

Annonce
de
la prochaine arrivée
de la *Ferme*
avec 413 passagers.
Impossibilité
de les placer
au camp.

Quelles que soient les causes de ces contre-temps, M. de Chanvalon fut averti au mois de février que la frégate *la Ferme*, commandée par M. d'Amblimont, était en route pour la Guyane et qu'elle amenait 413 passagers. L'intendant courut au camp, qu'il n'avait pas visité depuis les derniers jours de décembre. L'examen le convainquit de l'impossibilité de faire place au surcroît de population qu'on lui annonçait. L'installation des colons des précédents convois ne pouvait être terminée avant six semaines, sans qu'on pût même espérer d'achever, dans cet intervalle, les travaux nécessaires à leur établissement.

Préparatifs
aux îlets du Salut.

C'est alors que l'intendant songea à tirer parti d'un groupe d'îlets situés en face de l'embouchure du Kourou. M. de Chanvalon les considéra comme le moyen de salut de la nouvelle colonie, et le nom d'îlets du Salut remplaça leur nom d'îlets du Diable. On fit à la hâte quelques préparatifs pour y placer les émigrants qu'amenait *la Ferme*. On déblaya les abords d'une source située dans le plus grand des trois îlets, on la purgea des herbes et des plantes qui croissaient dans son bassin[1]; des chemins furent tracés, un certain nombre de tentes furent placées sur la plage, et M. de Chanvalon s'empressa de faire part au ministre de cette opération.

Il n'est pas sans intérêt de consigner ici les principaux passages des lettres écrites par M. de Chanvalon à ce sujet.

« Les îlets, au nombre de trois, dit l'intendant[2], forment « une espèce de triangle. Ils sont situés à environ trois lieues « et demie ou quatre lieues au nord 1/4 nord-est, quelques « degrés nord, de l'embouchure de la rivière de Kourou. « Ces îles sont à peu près de même étendue; la plus con- « sidérable peut avoir à peu près un tiers de lieue de « circonférence, les autres à proportion. C'est à celle-là que « les travaux ont commencé. Elles sont séparées par des « bras de mer très-étroits. Du côté de la mer ou du côté op- « posé au continent, on peut les regarder comme inabor- « dables, parce que le rivage et la mer qui le baignent sont « exactement couverts de masses de rochers considérables. « Du côté qui regarde Kourou et le continent, elles sont, au « contraire, entourées d'une mer calme et tranquille comme « dans un étang; elle est profonde, on y trouve de cinq à « six brasses d'eau jusqu'à terre, car les bâtiments pourraient « s'attacher au quai, s'il y en avait un. On aperçoit et on « reconnaît de loin ces îles parce qu'elles sont élevées ; les « deux surtout du côté du continent sont en forme de pain « de sucre irrégulier. Cette forme annonce la facilité qu'on

Février 1764.

Description
des îlets du Salut,
et projets
que leur situation
fait naître.

---

[1] *Correspondance de l'intendant, lettre n° 52.*

[2] *Correspondance de l'intendant, lettre n° 12.*

Février 1764.

« aura à les défendre et à les fortifier. Elles se défendent
« même réciproquement, et pourront protéger facilement
« les bâtiments qui seront en rade, et en fermer l'entrée aux
« ennemis par le feu croisé des batteries de bas et d'en haut,
« qui seraient établies dans les trois îles. . . . Elles offrent un
« port et un déchargement qui sera très-commode et très-
« prompt. De là on envoie à Kourou dans deux ou trois heures
« de temps, soit par bateaux, soit par chaloupe, si les vaisseaux
« tirent trop d'eau pour entrer dans la rivière de Kourou ;
« s'ils ne tirent pas trop, ils peuvent mouiller aux îlets et y
« attendre en sûreté la crue des eaux, dans les grandes marées
« de la nouvelle lune et encore mieux de la pleine lune.
« C'est encore un grand avantage que ces îlets ne tiennent
« point au continent. Les Anglais et tous les étrangers que
« nous recevrons ne seront reçus que dans ce port. Par là
« ils n'apprendront point à connaître nos côtes, malgré
« leur commerce avec nous, et ne verront point l'intérieur
« du pays.

« Les vaisseaux, dans cet endroit, seront impatients de
« décharger et de partir, parce que ce port, n'ayant aucun
« lieu de divertissement, ne sera pas bien amusant, et qu'il
« n'offrira pas d'occasion de vendre des pacotilles. . . . . . .
« Leur situation assure un commerce plus étendu à l'ancienne
« colonie, parce que les armateurs pourront envoyer de
« plus gros vaisseaux, qui leur offrent moins de frais et de
« plus grands bénéfices, qui ne craindront plus de dépasser
« Caïenne par la force des courants, et qui seront assurés
« d'entrer dans ce port en tout temps.

« Enfin, en occupant ces îlets, nous privons les ennemis
« d'un asile dont ils se servaient en temps de guerre pour

« être à portée de faire des incursions et d'intercepter les « bâtiments. »

Mars 1764.

Une partie du mois de février fut employée aux travaux les plus urgents pour le premier établissement de colons aux îlets du Salut. La frégate *la Fortune* y porta, dans les premiers jours de mars, les provisions, les instruments et les effets qui n'avaient pu encore trouver place dans le camp de Kourou, et M. de Chanvalon attendit *la Ferme* avec sécurité. Elle arriva le 19 mars, et les 413 passagers qu'elle amenait furent immédiatement placés aux îlets [1]. Mais quelles furent les nouvelles perplexités de l'intendant lorsque M. d'Amblimont, qui commandait *la Ferme*, lui annonça la prochaine venue d'environ deux mille autres colons !

Arrivée
de la *Ferme*;
413 passagers
placés aux îlets
du Salut.

L'intendant reporta alors son attention avec plus de sollicitude sur la formation d'habitations le long des bords de la rivière. Vers la fin de mars, M. Boulongue avait remonté le Kourou jusqu'à la hauteur de dix-neuf lieues ; il en avait dressé la carte, et avait tracé le plan des concessions à accorder et des établissements à fonder [2]. L'intendant fit une nouvelle visite au camp. Déjà les carbets étaient encombrés par les passagers des premiers convois : non-seulement il fallait renoncer à l'espoir d'y placer les nouveaux arrivants, mais il était urgent d'éclaircir la masse des premiers venus, sous peine de voir se développer les maladies contagieuses. M. de Chanvalon jugea que le seul remède à ces maux était de disséminer les habitants le long

Nouveau voyage
de l'intendant
sur la rivière.
Il en remonte
le cours
jusqu'à la hauteur
de 19 lieues,
accompagné
de
M. de Préfontaine.

---

[1] *État des bâtiments expédiés au port de Rochefort pour la nouvelle colonie.*

[2] *Procès-verbal ou note du plan de la rivière de Kourou.*

de la rivière. Peut-être trouverait-on également le moyen d'y placer ceux qu'on attendait encore.

Dans les derniers jours de mars il partit avec M. de Préfontaine, et remonta la rivière jusqu'à la distance de dix-huit ou vingt lieues [1]. Ils étaient guidés par des Indiens et par des noirs de l'habitation des jésuites : l'expérience de ces hommes devait être utilement consultée pour déterminer la hauteur des eaux dans les plus grandes crues, et pour désigner les lieux qui pouvaient être éventuellement couverts par l'inondation. D'après leurs avis et ceux de M. de Préfontaine, qui habitait la colonie depuis vingt ans, le niveau des terres fut choisi à une élévation que les eaux ne devaient point atteindre. Le premier soin de l'intendant, à son retour, fut de fixer définitivement, d'accord avec les ingénieurs, la position et la limite des futures habitations. Quelques indigènes furent engagés, ainsi qu'un certain nombre de noirs libres, pour construire les cases [2], seuls travaux d'installation dont on semblât se préoccuper. Quatre pieux fichés en terre, une couverture en feuilles de palmier, et, aux environs, les grands bois à défricher, les palétuviers à dessécher, et le désert. Telle était la nature des concessions accordées. On déposait les colons sous cet abri précaire et insuffisant avec quelques outils et provisions. Si la mort fit des ravages dans le camp, où l'on était le plus à portée des secours, à quel point devait-elle sévir parmi les malheureux placés dans de telles conditions ?

Les concessions furent tracées sur les deux rives du Kourou, à partir de la sixième lieue en remontant son

[1] *Correspondance de l'intendant avec le ministre, lettre n° 49.*
[2] *Défense de M. de Chanvalon, page 254.*

cours. Jusqu'à cette hauteur la rivière est bordée de palétuviers qui s'étendent quelquefois, dans l'intérieur, à la distance de quatre cents toises; mais, à six lieues environ de l'embouchure du Kourou, on ne trouve plus que la terre ferme, boisée, sans aucune savane [1], jusqu'à un saut formé par un banc de roches, à dix-neuf lieues de la mer. Les limites des concessions ne s'étendirent pas plus loin qu'un endroit nommé Château-Vert, à douze lieues, en raison de ce que la rivière est barrée, dès cet endroit, par un premier banc de roches, qui ne permet le passage qu'aux chaloupes. On voulait que les premières habitations pussent être visitées par des bâtiments d'un plus fort tonnage. Quarante-quatre concessions furent donc tracées : trente sur la rive droite et quatorze sur la rive gauche. On évita de les fixer sur la partie de la côte où la rivière déborde dans les grosses eaux. Pour s'assurer que les terrains destinés aux habitations n'étaient jamais inondés, les ingénieurs avaient pénétré dans les bois, de distance en distance, tantôt à la hauteur d'un quart de lieue, tantôt d'une demi-lieue, tantôt d'une lieue, selon que la nature du terrain leur inspirait plus ou moins de confiance. Non-seulement ils avaient rejeté les terrains noyés, mais encore ceux qui, étant à sec au moment de l'exploration, indiquaient, par l'humidité du pied ou des racines des arbres, qu'ils devaient être couverts d'eau à l'époque des plus grandes crues. Le temps que les ingénieurs avaient choisi pour leurs recherches, c'est-à-dire les mois de janvier, février, mars et avril, étant celui des plus grandes pluies, se trouvait, par conséquent, le plus favorable à un utile examen.

[1] *Procès-verbal ou notes du plan de la rivière de Kourou.*

Mars 1764.

Projet
de fondation
d'une ville
chef-lieu
des établissements
du Kourou.

Immédiatement après la zone des palétuviers, à l'endroit où avaient été tracées les premières concessions, la rivière fait un coude qui forme une sorte de presqu'île : c'est là que M. de Chanvalon et ses officiers voulaient jeter les fondations d'une ville future [1]. Elle serait, disaient-ils, au centre d'une partie considérable de la rivière de Kourou. La petite crique qui se jette, à cette hauteur, dans le cours de cette rivière pourrait être le commencement d'un canal qui traverserait l'isthme. Ce canal abrégerait la navigation de trois lieues au moins, en remontant ou en descendant la rivière ; il serait d'une utilité sensible pour la ville qu'il traverserait...... Elle serait au centre de dix-huit lieues du cours de la rivière , quoiqu'elle ne fût qu'à cinq lieues et demie de son embouchure : position remarquable et qui la rendrait naturellement le chef-lieu de cet établissement. Elle aurait encore l'avantage de ne pouvoir être vue de la mer que très-imparfaitement et très-difficilement, à cause des objets intermédiaires et des collines qui se trouveraient au-devant; cependant elle pourrait être traversée par des bâtiments tirant de dix à onze pieds d'eau, puisqu'ils remontent la rivière jusqu'au Château-Vert, à sept lieues de là. La ville serait rendue, d'ailleurs, du plus difficile accès à l'ennemi, pour ne pas dire absolument inaccessible, en établissant quelques batteries de distance en distance le long de la rivière [2].

Premiers
défrichements.
Essais
de plantations.

Les projets de M. de Chanvalon et de ses agents ne se bornaient pas, d'ailleurs, à l'établissement des concessions et à la fondation d'une ville. Depuis l'embouchure du

[1] *Procès-verbal ou notes du plan de la rivière de Kourou.*
[2] *Ibid.*

Kourou jusqu'à l'extrémité des palétuviers, divers défrichements avaient été faits sur les hauteurs avoisinant la rivière ;
des plantations avaient été commencées, et ces abattis s'ap-
pelaient déjà des habitations. Tels étaient les deux établissements nommés *la Liberté* et *la Franchise*, situés à une
lieue de l'embouchure du Kourou, sur la rive gauche au-
dessus du camp. Leurs plantations de mil furent faites, en
1764, sur les deux hauteurs appelées Coudouci et Pariacabo. Elles avaient, en face, la rivière, et, en arrière, une
immense savane appelée : savane de Passoura. Plus haut,
sur la même rive, avaient été tracées les limites d'une habitation qui se composait de palétuviers, de bois de terre
ferme et de savanes [1]. Ces terrains avaient été choisis de
préférence par des personnes instruites des qualités d'une
terre propre à former une bonne habitation. Une crique
les traversait et portait une eau douce et potable dans toutes
leurs parties, en même temps qu'elle pouvait être de la
plus grande utilité pour les communications. Les savanes
épargnaient la dépense et les travaux d'abattis dans les en-
droits qu'on voudrait mettre en culture, et fournissaient,
en outre, d'excellentes prairies pour les bestiaux; il n'y
avait pas jusqu'aux palétuviers dont on ne pût, avec de l'intelligence, tirer un excellent parti, puisque la colonie de
Surinam devait, à cette époque, sa prospérité à la culture
des terres noyées, exploitées, à la vérité, par le travail des
nègres [2].

M. de Chanvalon exprime, dans les termes les plus cha-
leureux, l'admiration qu'il avait éprouvée dans son voyage,

---

[1] *Procès-verbal ou notes du plan de la rivière du Kourou.*
[2] *Ibid.*

Avril 1764.

en voyant l'heureuse situation des terres , leurs bonnes qualités, les facilités et les ressources que les colons pourraient y trouver, pour peu qu'ils fussent industrieux et laborieux. « Quelle immense et belle colonie j'entrevois ! s'é-« s'écriait-il au retour de son voyage de reconnaissance [1]; « Jamais, depuis la découverte de l'Amérique, on n'a vu une « entreprise aussi considérable, aussi soutenue, aussi encou-« ragée de secours, embrassée avec une aussi grande cha-« leur par les étrangers même, à l'envi des nationaux, et « exécutée avec plus de zèle, de fatigues et de constance, « de la part des chefs à qui elle est confiée ! »

Arrivée d'un nouveau convoi avec 1216 passagers.

Au moment où il écrivait ces lignes, il apprenait l'arrivée d'un nouveau convoi, qui n'apportait pas moins de 1216 hommes et femmes [2], pour la réception desquels il n'y avait pas de logements préparés, pas même de tentes. Les îlets du Salut étaient encombrés par les passagers de *la Ferme*. Il n'y avait point d'hôpital sur ces rochers ; celui du camp regorgeait de malades, et déjà cent-cinquante colons gisaient sur les sables des îlets, sans autre abri que la toile, et presque sans secours. Augmenter la population du camp, c'était augmenter l'épidémie dont on avait déjà signalé les symptômes ; d'un autre côté, la contagion régnait à bord de plusieurs bâtiments du convoi ; les commandants avaient hâte de se défaire de leurs passagers, et ceux-ci avaient hâte de quitter le foyer de la contagion. Caïenne fermait son port à ces émigrants [3], écume de la population de l'est de la France, et qui se présentaient sans outils, sans

[1] *Correspondance de M. de Chanvalon , lettre n° 49.*

[2] *État des bâtiments expédiés du port de Rochefort pour la nouvelle colonie.*

[3] *Défense de M. de Chanvalon, pages 243 et suiv.*

vivres, sans vêtements, apportant avec eux un esprit de paresse et d'indiscipline, dont on vit plus tard les déplorables effets. Ces malheureux avaient été transportés sur *la Corisante, la Légère, la Garonne, la Baleine, l'Actif, le Saint-Esprit et le Saint-Antoine*[1]. C'était le convoi dont la conduite avait été réservée, dans le principe, au chevalier Turgot : mais celui-ci n'avait pas cru à propos de quitter Paris. A l'aspect des misères apportées par cette division navale, M. de Chanvalon s'écria, en s'adressant à M. de Préfontaine : «On veut nous perdre !» Plus tard, ces paroles furent tournées contre lui[2].

Provisoirement, on avait laissé les émigrants sur les bâtiments qui les avaient amenés[3]. La mort, accomplissant une double tâche, diminua, d'une part, le nombre des nouveaux venus et, de l'autre, leur fit place parmi les anciens colons. Les commandants des divers bâtiments insistèrent, d'ailleurs, pour se débarrasser de leurs passagers. Bon gré mal gré, l'intendant dut autoriser le débarquement. C'est ainsi que 2,300 hommes[4] furent entassés aux îlets du Salut, sur ce rocher qui pouvait tout au plus recevoir transitoirement les quatre cents personnes amenées par *la Ferme*.

Cependant M. de Chanvalon écrivait au ministre l'embarras dans lequel il se trouvait. «Les hommes arrivant «ici par multitude, disait-il, nous serons toujours obligés «de les rassembler, à leur arrivée, dans un entrepôt semblable à celui-ci, parce qu'il ne sera pas possible de les

Débarquement des nouveaux émigrants. Encombrement des îlets du Salut.

Réclamations de M. de Chanvalon.

---

[1] *État des bâtiments expédiés du port de Rochefort pour la nouvelle colonie de Caïenne.*

[2] *Défense de M. de Chanvalon, page 238.*

[3] *Correspondance de M. de Chanvalon, lettre n° 49.*

[4] *Défense de M. de Chanvalon, page 243.*

Avril 1764.

« placer dans des bois et des lieux inhabités. Le camp où
« nous sommes établis ne saurait s'étendre, j'ai eu l'honneur
« de vous l'annoncer en vous envoyant le plan; quand on le
« pourrait, les maladies et la contagion s'y répandraient
« bientôt: nous l'éprouvons depuis que le nombre des per-
« sonnes est augmenté. Mais multiplier les camps, c'est
« multiplier infructueusement les dépenses, c'est multiplier
« les abus et la nécessité de confier les effets de la colonie
« et les intérêts du Roi à un plus grand nombre de per-
« sonnes. Il faudrait alors à chaque camp un magasin de
« vivres et autres approvisionnements; des hommes fidèles
« et droits pour la distribution de ces effets; d'autres
« hommes, encore plus rares que ceux-là, pour commander
« et gouverner chacun de ces camps et pour y maintenir le
« bon ordre et la discipline. En supposant même tous ces
« obstacles levés, ce n'en serait pas moins un temps pré-
« cieux que ces habitants perdraient, étant oisifs dans le
« lieu où ils seraient campés; les désordres naîtraient bientôt
« de cette oisiveté; ces désordres seraient encore augmentés
« par l'impatience qu'ils auraient de posséder leurs terres
« et de les cultiver. C'est ce que j'éprouve ici avec douleur
« par la saison où je suis venu, et je vois croître chaque
« jour les maux qui doivent résulter nécessairement de cette
« situation. Je me trouve, à ce moment, dans la crise la
« plus violente et la plus critique, etc. [1] »

Ces réclamations
parviennent
trop tard
en France.

Par malheur ces observations étaient perdues pour le
ministre, car la correspondance de M. de Chanvalon ne lui
parvint que fort tard et lorsque le mal était consommé.
Pendant que l'intendant écrivait ces dépêches, les envois

---

[1] *Correspondance de M. de Chanvalon, lettre n° 49.*

d'hommes continuaient. On était pressé de se débarrasser Avril 1764.
des émigrants qu'on avait réunis dans les dépôts de France,
particulièrement à Saint-Jean-d'Angély et à Rochefort [1].
En vain l'intendant avait fait observer, à son départ, que
l'entretien et la nourriture de ces hommes, rassemblés
trop tôt et en trop grand nombre, coûteraient moins cher
en France qu'à la nouvelle colonie; en vain il avait re-
commandé qu'on n'expédiât pas un nouveau convoi avant
qu'il en eût donné le signal : la plus grande partie des huit
à neuf mille hommes envoyés à la Guyane furent embar-
qués avant que les plaintes de M. de Chanvalon eussent
été reçues en France [2].

Dans le courant d'avril, *le Centaure* avait encore conduit Mai 1764.
à la Guyane 348 colons nouveaux. En mai, *les Deux Amis,* Arrivée
le Prince Georges, l'Amphitryon, la Balance, le Parham, en de 1,308 émigrants.
débarquèrent 960. A partir de cette époque, la confusion devient telle au Kourou, qu'on perd la trace des autres envois
de colons, envois qui continuèrent pendant le courant de
l'année jusqu'à la concurrence de près de 9,000, ainsi que
le constate M. de Chanvalon dans sa défense [3]. Il déclare
également que l'épidémie régnait à bord de la plupart des
vaisseaux; que la majeure partie des émigrants n'avait ni
vivres ni outils. Comment cette foule de malheureux trouva-
t-elle place dans un camp d'une étendue à peine suffisante
pour contenir et abriter les 1,429 passagers du premier
convoi [4]?

---

[1] *Correspondance de M. de Chanvalon, lettre n° 49.*
[2] *Défense de M. de Chanvalon, page 239.*
[3] *Ibid. Voir pages 233-239, etc.*
[4] *Ibid.*

Mai 1764.

Désordre
dans
l'administration
de la colonie.

Dès lors le plus grand désordre règne sur cette funeste plage. Aucun registre n'est tenu. L'intendant et ses officiers cessent de connaître, au juste, le nombre des individus confiés à leurs soins. Aucun recensement n'est fait dans le cours de l'administration de M. de Chanvalon. Les colons meurent, et nul ne sait ce que devient leur héritage. Les concessionnaires périssent, et il ne reste aucune trace des fonds déposés par eux dans les mains de l'intendant. Des notaires sans brevet, sans patentes, reçoivent les testaments sans les enregistrer. Les secrétaires de l'intendant sont frappés par la maladie, et on ne tient plus, à l'intendance, aucune note des marchés. M. de Chanvalon ne connaît pas même le montant des sommes qu'il a remboursées à divers concessionnaires : plusieurs reçoivent plus que leur dépôt; d'autres sont payés deux fois, soit que ce double remboursement soit compté à eux-mêmes ou à leurs héritiers [1]; c'est enfin un sauve qui peut général. M. de Chanvalon ressent lui-même les atteintes de l'épidémie, et, bien que sa santé ne soit pas sérieusement affectée, les soins qu'elle exige sont nécessairement dérobés aux affaires. Elles deviennent, d'ailleurs, assez accablantes pour absorber toutes les facultés du chef de la colonie. Nourrir cette multitude, maintenir parmi elle une sorte de discipline, soigner les malades, distraire et occuper les sains, remédier au présent et préparer l'avenir, c'était plus, sans doute, qu'il n'était donné à un seul homme de faire. Ce n'est qu'à grand'peine que M. de Chanvalon parvint à faire vivre au jour le jour le petit nombre de ceux qui résistèrent à tant de maux jusqu'au moment de son arrestation.

[1] *Défense de M. de Chanvalon. Compte des concessionnaires, pages 23 et suiv.*

Il fallait nécessairement attendre le mois de juin pour placer le plus grand nombre possible de colons sur les concessions tracées le long des rives du Kourou, car c'est à cette époque seulement que les pluies cessent. On voit, dans la correspondance de M. de Chanvalon, les moyens qu'il employa pour distraire la foule inoccupée du camp. Dès le 18 février 1764, il écrivait dans les termes suivants au ministre de la marine.

« J'aurai l'honneur de vous faire observer qu'à la nou-
« velle colonie, quoique sans meubles et dénué de tout,
« comme à l'ancienne, j'ai cru qu'il fallait tout tenter et tout
« faire pour des personnes qui n'ont rien et qui sont sans
« ressources, et dont il fallait entretenir la confiance. J'étais
« persuadé que, de quelque façon que fussent les choses, ils
« me tiendraient compte de ma bonne volonté. Je ne me
« suis pas trompé. J'ai donc eu la hardiesse d'y donner à
« manger tous les jours à deux tables ; c'est aux colons eux-
« mêmes que j'ai emprunté le linge, les couverts, les assiettes,
« en un mot tous les ustensiles, en les rassemblant de chez
« les uns et de chez les autres. Des chasseurs et des pêcheurs
« que j'avais faisaient le reste avec tout ce que je pouvais
« acheter de provisions des vaisseaux de côté et d'autre.....
« C'est avec la même hardiesse et le même défaut de moyens
« que j'ai osé faire chez moi la noce des premières per-
« sonnes honnêtes qui se sont mariées dans la colonie......
« Je conduisis la mariée à l'autel. Les propos, les distinc-
« tions, tout fut employé..... et je réussis, l'exemple prit.
« Je saisis le moment où les têtes et les cœurs s'échauffaient
« à ce sujet, et, dans huit jours, tous les mariages qui pou-
« vaient mériter quelque considération furent arrêtés. Nous

Mai 1764.

Moyens employés par l'intendant pour distraire les colons. Mariages, banquets, construction d'un théâtre.

« n'en avons plus que deux ou trois encore de cette espèce,
« qui vraisemblablement ne passeront pas le carnaval. Mon
« retour à Kourou pourrait bien les décider; on veut que
« j'y sois parce qu'on est un peu jaloux des distinctions. Il
« nous reste encore plusieurs hommes à marier. J'écris à
« la Martinique d'engager quelques demoiselles bien nées
« de ce pays-là à passer dans celui-ci, quoiqu'elles n'aient
« pas de fortune, pour s'y établir, etc...... [1] »

C'est à la même époque qu'il faut reporter la construction d'un théâtre. Ce ne fut pas une construction, dit M. de Chanvalon dans sa défense, c'était « un emplacement où « l'on avait planté quelques pieux, qui portaient une cou-« verture à peine achevée, ouvert de tous côtés, destiné « à différents usages, dont le plus utile n'avait jamais été « été fixé [2]. » Suivant la déclaration d'un prêtre de la colonie, le sieur Brouet, cet emplacement aurait pu être utilisé pour loger le clergé qui était réduit à coucher dans l'église [3]. Le sieur Chambon, médecin, se plaignit aussi plus tard du refus qu'on lui aurait fait de ce hangar pour placer les malades.

Quelle que soit la portée de ces déclarations, dont l'intendant conteste l'exactitude, il reste prouvé que, pendant les premiers mois de leur établissement, les colons furent principalement occupés à des simulacres de banquet, à des noces, à un semblant de comédie. Les esprits ne se contentèrent pas de ces distractions. Les inimitiés personnelles,

---

[1] *Correspondance de M. de Chanvalon, lettre n° 19.*
[2] *Défense de M. de Chanvalon, page 219.*
[3] *Ibid.*
[4] *Ibid. page 218.*

les calomnies, les scandales publics remplissaient le funeste loisir des colons. Un écrit fut affiché à la porte de l'église de Kourou[1]; on y accusait l'abbé Brouet, que nous venons de nommer, d'être sans capacité, sans talents, sans édification, sans naissance avouée; et, en révélant l'irrégularité de sa conduite, on lui reprochait le scandale qu'elle donnait.

D'un autre côté, ces hommes, auxquels l'inaction était si funeste, ne voulaient pas travailler. Suivant l'opinion de l'intendant, on leur avait persuadé, au moment de leur débarquement à Caïenne, que, loin d'être assujettis à aucun travail, ni pour les besoins publics, ni pour les concessionnaires, ils étaient destinés eux-mêmes à posséder des concessions. Ces espérances ayant été déçues, plusieurs se mutinèrent, et leur soulèvement était d'autant plus dangereux que les maladies avaient déjà décimé les troupes destinées à les contenir; il fallut, sous un prétexte quelconque, conduire un très-grand nombre des mutins sur la rive droite, où rien n'avait été préparé pour les recevoir, et où ils devinrent promptement victimes de l'abandon et des intempéries du climat[2]. Citons encore quelques passages de la correspondance de M. de Chanvalon, pour montrer quelles étaient les recrues qu'on débarquait dans la colonie; nous terminerons ainsi l'esquisse des désordres intérieurs qui l'affligeaient.

« Daignez observer, monseigneur, dit M. de Chan- « valon, quels hommes arrivent par ces vaisseaux » (il s'agit du convoi amené en mars par M. d'Amblimont),

---

[1] *Défense de M. de Chanvalon, page 248.*
[2] *Ibid. page 252.*

Mai, 1764.

« avant que nous ayons eu le temps, pour ainsi dire, de
« nous reconnaître et d'assurer aucun établissement. Des
« Allemands qui se sont soulevés à Saintes et à Saint-Jean-
« d'Angély ! qui ont attaqué les commissaires qui en avaient
« la direction ! parmi lesquels il a été si difficile de mettre
« quelque ordre et quelque discipline, aux îles du Salut, que
« les vaisseaux du roi qui y sont mouillés ont été obligés
« de mettre une garde à terre pour leur imposer ! Je ne
« suis nullement alarmé par ce que nous avons à craindre
« de cette multitude indisciplinée et décidée; mais que puis-
« je en espérer pour les premiers moments de cet établisse-
« ment ? Cependant toutes nos forces pour les contenir
« consistent en deux compagnies de troupes, qui ont été
« refondues, et qu'il a fallu renouveler en engageant quel-
« ques-uns de ces mêmes nouveaux venus [1] !

« Je ne dois pas hésiter à le dire, ajoute l'intendant, dans
« une autre lettre [2], tout est perdu sans ressource.........
« Indépendamment des 1,650 personnes venues par ce der-
« nier convoi » (M. de Chanvalon exagère-t-il ce chiffre à
dessein, ou l'état cité plus haut est-il inexact?) « il en vient
« par tous les bâtiments de quelque port de France que ce
« soit, et on m'annonce, au premier jour, un autre convoi
« aussi considérable. Il est déjà arrivé beaucoup de troubles
« et de séditions aux îles du Salut, malgré la garde que les
« vaisseaux du roi y ont établie à terre. Afin de dégorger
« les entrepôts de France on accumule les passagers dans les
« vaisseaux; il nous en est venu un très-grand nombre de
« malades. Il y en a plus de 150 aux îlets; le nombre en

---

[1] *Correspondance de M. de Chanvalon, lettre n° 49.*
[2] *Ibid. lettre n° 61, du 7 avril 1764.*

« augmente ; nous n'y avons point d'hôpital ; celui-ci et le
« camp sont remplis de ceux que nous y avons fait trans-
« porter et de ceux arrivés précédemment. »

L'intendant se trouvait dans l'impuissance d'apporter à
tous ces maux d'autre remède que le défrichement des concessions. En mai, quelques cases avaient été construites sur
les terrains assignés aux concessionnaires. En juin, un bateau
fut chargé d'approvisionnements en outils, vêtements, etc.
pour ces établissements ; il était destiné à servir de magasin ambulant sur la rivière, pour le besoin des différentes
habitations, jusqu'au moment où l'on pourrait en établir
un permanent ; ce bateau resta dans le port plus d'un mois
faute d'équipage. Dans ce même mois, la contagion fit de
si grands progrès que toute espèce de transport devint impossible. L'épidémie s'étendit de plus en plus dans les mois
suivants. Trois mois s'écoulèrent avant que les propriétaires,
les cultivateurs et les matelots pussent se rendre sur les
concessions [1] ! Ainsi ces concessions, reconnues dès le mois
de janvier, ne purent recevoir leurs habitants qu'en septembre ou octobre, précisément au moment où les pluies
recommencent à la Guyane.

Quelques jours avant la distribution des concessions,
l'intendant fit annoncer à Kourou la date précise de cette
distribution, en indiquant les raisons qui avaient dû la faire
suspendre [2]. Au jour dit, en présence de toutes les personnes
chargées, à Kourou, de fonctions publiques, on plaça sous
les yeux des concessionnaires assemblés ce même avis qui
avait été affiché ; ils le signèrent et partirent successive-

----

[1] *Défense de M. de Chanvalon, page 247.*
[2] *Ibid. page 248.*

ptembre, octobre
novembre 1764.

ment pour prendre possession de leur propriété [1]. L'intervalle de trois mois, pendant lequel ce départ avait été forcément ajourné, avait permis à l'intendant d'établir un magasin permanent sur la rivière : nous avons indiqué plus haut la position de ce magasin, à la droite du camp. Chaque concessionnaire reçut, des mains du garde-magasin, les vivres qui devaient servir à sa subsistance et à celle des cultivateurs placés sur son habitation, pendant un temps assez considérable [2]. On régla que des chaloupes et des pirogues partiraient régulièrement du magasin, pour distribuer sur les concessions l'approvisionnement général. Une feuille, également affichée à la porte du magasin, indiqua, d'une part, la quantité de vivres, de vêtements et d'outils envoyés de Kourou au magasin de la rivière, et, de l'autre, la quantité qui devait revenir à chaque concessionnaire, en raison du nombre de ses cultivateurs.

Découragement
es concessionnaires
transportés
sur les bords
de la rivière.

Les premiers concessionnaires ne furent définitivement établis sur les bords de la rivière que dans les derniers jours d'août. Loin de se féliciter d'échapper par cette séparation à l'épidémie qui régnait dans le camp, ils la considérèrent comme un affreux exil. Ces malheureux, qui avaient sacrifié leurs économies dans l'espoir d'acquérir de brillantes propriétés à la Guyane, se virent assigner, avec effroi, une vaste étendue de terre déserte et inculte, en échange du coin de terre bien cultivée qu'ils avaient vendu en France. Déposés presque seuls au milieu des bois, ils se sentirent atteints du plus complet découragement. Sur quarante-quatre concessionnaires, vingt à peine tentèrent de

[1] *Défense de M. de Chanvalon, page 248.*
[2] *Ibid. page 255.*

mettre en valeur une portion du terrain qui leur avait été assigné ; les autres continuèrent la vie inactive dont ils avaient contracté la fatale habitude ; consommant quelquefois en un jour les provisions qui leur étaient accordées pour une semaine, appelant, par leurs excès mêmes, la maladie que la vie la mieux réglée pouvait à peine conjurer ; puis, se couchant sous leurs carbets, pour mourir avec le fatalisme des Indiens, sans tenter un seul effort capable de les tirer de leur état de misère [1]. Un sieur Mallard, concessionnaire, rapporte, dans sa déposition, que, sur le nombre des cultivateurs attachés à son établissement, l'un, après avoir combattu la faim, se pendit de désespoir, et que six autres moururent ; mais le sieur Mallard ne dit pas que ce déplorable événement fut le fruit d'une négligence commune à la plupart de ses pareils. Effrayés de leur solitude, les concessionnaires n'aspiraient qu'au séjour du camp ; ils s'y rendaient sous prétexte de renouveler leurs provisions. Leur absence, qui ne devait être que de quelques jours, dépassait souvent plusieurs semaines. Pendant cet intervalle, les cultivateurs abandonnés manquaient de vivres et succombaient dans les tortures de la faim ou dans les angoisses de la maladie [2].

Ces traits d'une négligence cruelle se renouvelèrent si souvent, et leurs conséquences furent telles, que l'intendant se vit dans la nécessité de défendre formellement aux concessionnaires de quitter leurs concessions [3]. Cette défense avait le double but d'empêcher les possesseurs de terres

Septembre, octobre et novembre 1764.

Défense de quitter les concessions pour venir au camp.

---

[1] *Voir défense de M. de Chanvalon, page 249 et passim.*
[2] *Ibid. page 258.*
[3] *Ibid. page 254.*

tembre, octobre
novembre 1764.
—

d'oublier leurs cultivateurs dans les distractions que leur offrait le camp de Kourou, et de les forcer à se livrer aux travaux d'assainissement et de culture qu'exigeait leur établissement. La rigueur nécessaire de cette défense fut, du reste, tempérée par l'exécution. Un sieur Pezard venait d'être établi garde du magasin de la rivière, à l'époque où cet arrêté de l'intendant fut proclamé; il était juge des motifs qui pouvaient justifier la venue exceptionnelle des concessionnaires à Kourou, et nul ne l'accusa d'une trop grande sévérité. L'arrêté disait : «Il ne sera permis à aucun «concessionnaire de venir à Kourou, si ce n'est pour raison «de maladie, ou autres causes aussi légitimes, dont il sera «rendu compte au sieur Pezard, qui jugera s'il y a lieu d'y «venir et en donnera son permis.[1]» Or le sieur Mallard, qui se porta plus tard accusateur de l'intendant, put, sous prétexte de maladie, venir porter ses plaintes à Kourou plus d'une fois, en montant sur un bateau qui avait, dit-il, les ordres les plus formels de le laisser à son habitation[2]. On voit, d'après ce témoignage même, que les ordres de cette nature pouvaient être facilement éludés.

Au reste, quelques exemples, qui appartiennent à la même époque, semblent prouver que les concessionnaires auraient pu, avec du zèle et de l'industrie, non-seulement éviter une partie des désastres dont ils furent accablés, mais encore fonder des habitations susceptibles d'acquérir quelque prospérité. La riche habitation des jésuites, située sur la rive droite du Kourou, ne saurait être citée à l'appui de cette opinion, parce qu'elle était cultivée par des noirs. Mais on peut men-

---

[1] *Défense de M. de Chanvalon, page 260.*
[2] *Ibid.*

(61)

tionner les établissements formés sur la rive gauche par le baron d'Haugwitz, l'un des plus importants concessionnaires, et ceux créés plus tard par le baron de Bessner. Ce dernier plaça à la Guyane dix familles allemandes. Plusieurs prospérèrent par l'ordre et le travail, tandis que les autres se ruinèrent par la paresse et la révolte [1].

Avant de rapporter l'événement par lequel se termina l'expédition du Kourou, c'est-à-dire l'arrestation de l'intendant, il faut exposer succinctement la situation du camp à l'arrivée du gouverneur. On a vu plus haut que la démoralisation et le désordre y étaient extrêmes. La plupart des employés et fonctionnaires étaient morts ou mourants. L'épidémie avait atteint l'intendant lui-même ; il bornait ses soins au maintien de quelques mesures de police indispensables au salut de ceux qui pouvaient encore être sauvés. Dans de telles circonstances, tous projets pour l'avenir de la colonie avaient étaient suspendus. Les travaux d'une utilité immédiate étaient accomplis avec répugnance par des gens réduits au désespoir ; à plus forte raison les travaux qui ne devaient avoir qu'un résultat éloigné, tels que les défrichements, la construction de nouvelles cases, étaient-ils abandonnés. Chaque jour on choisissait parmi les colons valides des hommes de corvée pour être employés, soit à la boulangerie, soit à l'hôpital, soit à divers travaux de menuiserie, de serrurerie, ou enfin à la chasse, à la pêche, au jardinage et au soin des bestiaux. Le 18 octobre 1764, quarante-quatre hommes étaient occupés à ces travaux, que l'intendant appelle travaux détachés ; le 22 novembre et le 16 décembre de la même année, leur nombre était réduit

[1] *Défense de M. de Chanvalon*, page 253.

à dix-huit [1]. Cette diminution indique, à la fois, l'indifférence des colons pour la conservation d'une vie misérable, et l'accroissement effrayant de la mortalité. Au reste il n'est plus question, à cette époque, ni des banquets, ni des mariages, ni des représentations théâtrales qui avaient un moment distrait la colonie de ses maux ; l'esprit des colons n'est plus éveillé par des satires affichées à la porte de l'église du camp [2]. Il n'y a plus de plaintes, il n'y a plus de querelles, si ce n'est pour la distribution de la viande fraîche, de l'eau et des remèdes. Les griefs des colons n'ont désormais plus d'autre objet. Ils ne songent qu'à assurer leur subsistance journalière, et tous leurs vœux se résument dans la venue du moment où il leur sera permis de quitter cette terre abordée si joyeusement quelques mois auparavant.

Les fonctionnaires et les malades avaient droit à une distribution de viande fraîche. Bientôt le nombre de ces derniers dépassant toutes les prévisions, il fallut mettre tout le monde à la ration. Dès lors une active surveillance, une jalousie inquiète suivirent d'un œil envieux chaque morceau que le boucher coupait le matin à la porte de l'intendance [3]. On évalua les portions avec la partialité du besoin. Des haines, des rixes violentes, naquirent de la préférence obtenue par l'un ou par l'autre. La provision de M. de Chanvalon fut principalement examinée avec la plus soupçonneuse inquiétude. Chacun de ceux qui se voyaient écartés de la distribution journalière établit un contrôle infidèle sur la quantité de viande fraîche que l'intendant

[1] *Défense de M. de Chanvalon. Mouvement du camp, page 212.*

[2] *Voir Défense de M. de Chanvalon.*

[3] *Ibid. page 221.*

s'allouait à lui-même. Aussi, à l'arrivée de M. Turgot, ce furent des réclamations unanimes. M. de Chanvalon avait refusé de la tortue, de la viande fraîche, dans des cas de maladies désespérée, à tels et tels, qui pourtant n'étaient point morts, ainsi que le prouvaient leurs clameurs [1].

Il en était de même pour l'eau. Le puits creusé près de l'intendance était le seul qui fournît de bonne eau [2]. Cependant une source coulait à Pariacabo, a une demi-lieue du camp. M. de Chanvalon y fit sa provision, usant ainsi des moyens de transports qu'il avait à sa disposition, pour réserver aux habitants du camp toutes les ressources du puits placé à la porte de leurs demeures. Mais aussitôt cette source fut assiégée par la foule, et personne ne voulut puiser de l'eau au puits de l'intendance. Il fallut placer un gardien à la source de Pariacabo, sous peine de voir la foule laisser perdre l'eau du puits, et épuiser la source. Il en résulta que l'intendant fut accusé de vouloir accaparer toute l'eau de Pariacabo pour son propre usage. On doit s'étonner que M. Turgot ait donné créance à ces réclamations injustes [3].

On s'était ému, en France, des désastres de la Guyane. Ce ne fut pas sans éprouver un vif sentiment de surprise et de douleur que le gouvernement vit une expédition pour le succès de laquelle il avait été fait tant de sacrifices, et qui s'était annoncée sous de si heureux auspices, menacée d'une déplorable issue. Les nouvelles qui arrivèrent, sans laisser entrevoir toute l'étendue du mal, étaient assez tristes pour

[1] *Défense de M. de Chanvalon*, page 224.
[2] *Ibid. pages 224 et suiv.*
[3] *Ibid.*

Décembre 1764.

faire sentir la nécessité de prendre des mesures propres à assurer le salut de la colonie. On s'empressa de rédiger dans ce sens des instructions détaillées pour le gouverneur général, en l'invitant à se préparer à un prompt départ. Malheureusement, au lieu de rechercher quels pouvaient être les vices du plan d'émigration adopté, et de le modifier d'après les conseils et les plans des gens du pays, on préféra rejeter sur un homme tous les malheurs et toutes les fautes qui pouvaient être le résultat des mesures mêmes que cet homme avait été chargé d'exécuter. Les esprits étaient alors aigris contre l'intendant, et les discours de M. Turgot

Dissentiments
du gouverneur
et de l'intendant.

n'étaient pas de nature à calmer leur irritation. Les dissentiments du gouverneur général et de l'intendant dataient de l'époque du départ de ce dernier. Dès ce moment des discussions s'étaient élevées entre les deux fonctionnaires tant sur l'utilité de divers mesures, que sur le mérite et l'opportunité de certaines nominations. M. de Chanvalon, qui sentait peser sur lui la responsabilité de l'exécution du plan arrêté, s'était cru le droit de réclamer contre l'incapacité de plusieurs employés nommés par M. Turgot. Celui-ci avait pris ombrage des observations de son subordonné; il s'était même laissé emporter jusqu'à le menacer de ne pas ratifier les actes de son administration [1]. L'intendant partit de France sans qu'une réconciliation eût été opérée entre lui et son chef; et l'antipathie du gouverneur contre M. de Chanvalon subsista. Dès le 2 février 1764, M. Turgot porta plainte au ministre contre l'intendant [2]. Il fut malheureusement entre-

[1] *Défense de M. de Chanvalon, page 262.*

[2] *Résumé de l'administration de M. Turgot, avec l'avis du rapporteur et des commissaires.*

tenu dans ces fâcheuses dispositions par les ambitions qui fermentaient à Paris et à Caïenne. La résistance sourde et passive de M. Morisse, subdélégué de l'intendant, aux ordres de ce dernier a déjà été signalée plus haut. Il n'était peut-être, à cet égard, que l'écho du mauvais vouloir des anciens colons contre les nouveaux. Mais M. de Chanvalon l'accuse formellement d'avoir ambitionné le titre d'intendant de la colonie. Il est certain que M. Morisse s'unit plus tard à M. Turgot contre M. de Chanvalon.

Quoi qu'il en soit, les plaintes du gouverneur au sujet de l'intendant étaient tellement accréditées à cette époque, et il faut dire aussi que l'événement semblait les avoir si bien justifiées, que le rappel de celui-ci fut résolu. M. Turgot fut l'homme destiné à réparer les malheurs qu'on attribuait à l'administration de son délégué.

Des instructions très-détaillées, et qui n'avaient pas moins de quatre-vingt-un articles, lui furent remises au moment de son départ pour la Guyane. Elles portaient en substance[1] :

Instructions
données
à M. Turgot
au moment
de son départ
pour la Guyane.

« Le chevalier Turgot se rendra sans délai à la nouvelle « colonie, à l'effet d'examiner tout par lui-même sur les « lieux, et, après y avoir demeuré le temps nécessaire, il « reviendra rendre compte du tout à Sa Majesté.

« Aussitôt son arrivée, il se fera rendre compte de toutes « les opérations relatives à l'établissement de la nouvelle « colonie, se fera représenter tous les registres, états de re- « cette et de dépense, et établira, d'après ces états, un ta- « bleau général de la recette et de la dépense, à l'effet d'en « vérifier le montant et l'utilité. Il se fera également remettre

[1] *Instructions données par Sa Majesté au sieur chevalier Turgot.*

« les états de tout ce qui se trouverait dans les magasins de
« Sa Majesté, ainsi que les états des hôpitaux, dont il fera
« la visite pour s'assurer que les malades y sont bien trai-
« tés.

« Il examinera la conduite de tous les employés, et même
« celle des officiers nommés par Sa Majesté pour com-
« mander dans les différentes parties de la Guyane ; avec
« autorisation de suspendre les uns et les autres au besoin,
« et de pourvoir provisoirement à leur remplacement.

« Au cas où le sieur de Chanvalon reviendrait en France,
« conformément aux instructions particulières données au
« chevalier Turgot, le sieur Morisse sera chargé, en sa qua-
« lité de subdélégué général, de faire les fonctions d'inten-
« dant dans toute la province de la Guyane jusqu'à ce qu'il
« en ait été autrement ordonné.

« Le sieur chevalier Turgot fera un recensement général
« de la population, avec état séparé de tous les transports
« de colons qui auraient été faits par différents vaisseaux ;
« pareil état sera tenu de tous les mariages et naissances qui
« auraient eu lieu dans la nouvelle colonie.

« L'argent consigné en France par les concessionnaires,
« pour leur être remis, sera versé dans les mains du tréso-
« rier de la colonie, lequel opérera le remboursement aux
« propriétaires gratuitement et sans aucune retenue.

« Un projet de règlement sera fait par le chevalier Turgot
« pour fixer, à l'avenir, la distribution des concessions.
« Celles qui pourraient avoir été accordées par le sieur de
« Chanvalon subsiteront, au moins celles sur lesquelles les
« habitants auraient déjà commencé des défrichements.

« L'établissement du Kourou pouvant n'être pas suffisant

« pour le nombre d'hommes qui auraient déjà passé dans
« la colonie, le chevalier Turgot est autorisé à en transporter
« une partie spécialement sur la rivière d'Approuague qui,
« étant au vent de Caïenne et étant navigable par les plus
« gros bâtiments, paraîtrait présenter des avantages parti-
« culiers.

« Sa Majesté autorise le gouverneur à ordonner que les
« habitants qui n'ont point de fonds et qui doivent être
« nourris aux dépens de Sa Majesté pendant deux ans, ne
« recevront leurs rations qu'en rapportant le certificat du
« travail qu'ils auront fait, moyennant salaire, pendant un
« certain nombre de jours de la semaine.

« Le sieur chevalier Turgot formera ces établissements de
« la manière la plus propre à les mettre à l'abri d'insultes;
« il les éloignera, pour cet effet, suffisamment de la mer, et
« laissera entre eux et elle une lisière de bois de trois ou
« quatre lieues.

« Il défendra qu'on fasse aucun abattis, hors ceux néces-
« saires, afin d'empêcher la dégradation des bois.

« Il se concertera avec les commandants particuliers, les
« ingénieurs et les habitants les plus intelligents, pour fixer
« la position des villes, bourgs ou autres lieux d'habitation
« principale à établir dans chaque canton où se trouveraient
« des habitations; il fera dresser, à cet effet, des plans figu-
« ratifs, et les enverra au secrétaire d'État de la marine, avec
« un mémoire où seront détaillées les raisons qui auraient
« fait donner la préférence à telle ou telle position.

« Sa Majesté autorise le gouverneur à former un projet
« relatif à la division de la Guyane en un certain nombre de
« communautés ou paroisses, qui auraient chacune une ad-

« ministration municipale dont elles nommeraient les offi-
« ciers. Provisoirement le gouverneur pourrait nommer, où
« besoin serait, un juge municipal chargé de police.

« Après avoir solidement établi les hommes qui seraient
« déjà passés à la Guyane, le gouverneur devra s'assurer du
« nombre de ceux qu'on pourrait y faire passer commodé-
« ment, eu égard aux subsistances qu'elle est en état de
« fournir, et en rendre compte à Sa Majesté. A l'arrivée de
« chaque nouveau bâtiment, un recensement des personnes
« qui auraient été embarquées sera fait; on dressera égale-
« ment un état des vivres que ce bâtiment aura apportés.
« A l'égard des demandes que le gouverneur sera dans le
« cas de faire pour les besoins de la colonie, il lui est re-
« commandé de donner le premier rang à celles qui con-
« cerneraient la subsistance, l'agriculture, les défrichements
« et la population, sauf à s'occuper ensuite de celles qui au-
« raient rapport à la défense, à la commodité et au com-
« merce de la colonie.

« Le gouverneur visitera lui-même les principales parties
« de la Guyane et fera ses observations sur la nature du sol,
« sur la situation et la profondeur des principales rivières.
« Il dressera aussi un relevé exact du gisement des côtes,
« des sondes, des courants, ainsi que de l'embouchure et de
« la position des rivières.

« La colonie devant être formée par des blancs, le gou-
« verneur portera son attention principalement sur l'exploi-
« tation des denrées nécessaires à la vie, tels que le riz, le
« maïs, les patates, les ignames, les bananes, etc. Il n'aura
« pas moins à cœur la multiplication des bestiaux, trou-
« peaux, volatiles de toute espèce, chevaux et autres ani-

« maux utiles. En conséquence il n'omettra rien pour ouvrir,
« soit avec les Espagnols, soit avec les Portugais de Para, un
« commerce capable d'en fournir la colonie, et, d'une autre
« part, il ne manquera pas de donner ses soins à perfection-
« ner des prairies et savanes naturelles, et à en former d'ar-
« tificielles. En outre, il achètera, pour le compte de Sa
« Majesté, un certain nombre de bestiaux, qui seront ré-
« pandus sur les savanes appartenant à Sa Majesté, pour y
« devenir sauvages et y multiplier en liberté.

« Le gouverneur fera tout pour gagner à la nation fran-
« çaise le cœur des Indiens, et pour en attirer le plus qu'il
« se pourra sur les établissements. Toute insulte qui leur
« serait faite sera punie sévèrement par le chevalier Turgot.

« En cas de guerre entre eux, celui-ci évitera de prendre
« aucun parti, et tâchera de les ramener à la paix par toutes
« les voies de conciliation. »

Ces instructions étaient terminées par des avis sur la
conduite à tenir avec les colonies voisines, et par des règle-
ments concernant les attributions du gouverneur, l'administration, les cours de justice, la police, les affaires ecclé-
siastiques, l'organisation militaire et le commerce de la
colonie. Une clause spéciale portait défense formelle, aux
employés et fonctionnaires, de se livrer directement ou in-
directement à aucune espèce de commerce.

M. Turgot reçut, en outre, un supplément d'instructions
relatives à M. de Chanvalon. Elles prescrivaient d'examiner
s'il était vrai que l'intendant n'eût remis aux concessionnaires aucune reconnaissance des sommes déposées dans ses
mains, et surtout si M. de Chanvalon avait omis de remettre au trésorier de Caïenne le registre qui devait pré-

Décembre 1764.

senter le montant des sommes reçues par lui. L'intendant étant également suspecté d'avoir employé, soit les fonds des concessionnaires, soit l'argent du roi, aux opérations d'un commerce clandestin, M. Turgot était averti de vérifier ces faits. Une lettre ordonnant le rappel de M. de Chanvalon avait été remise au gouverneur : mais on n'avait pas prévu que les choses pussent être assez graves pour motiver une arrestation.

Arrivée de M. Turgot à Caïenne.

A la fin de décembre 1764, M. Turgot arriva en rade de Caïenne. La mer était houleuse, sa violence rendait difficile la descente du navire et le débarquement. Le gouverneur fut si effrayé qu'il fit un vœu[1] pour obtenir un heureux trajet du navire au port. Ce fut le premier symptôme des accès de terreur de M. Turgot. Dans la suite, il ne put se décider à se rendre au camp de Kourou, tant il redoutait la contagion dont ce lieu était considéré comme le foyer. Ce fut encore cette terreur qui l'engagea à quitter précipitamment Caïenne trois mois après son arrivée. Il n'exécuta, d'ailleurs, aucun article de ses instructions, et son passage à la Guyane ne fut marqué que par l'arrestation de M. de Chanvalon.

Arrestation de l'intendant.

Le 25 décembre, il fait opérer cette arrestation qui n'avait pas été décidée, qui n'avait pas même été prévue, dans les instructions du gouvernement. En quelques heures M. Turgot eut-il le temps d'approfondir les faits, ou ne fit-il que céder au sentiment de violente animosité qui le dominait? Quoi qu'il en soit, M. de Chanvalon fut conduit en prison à Caïenne et gardé à vue. Pendant ce temps le gouverneur, sans vouloir entrer en explication avec l'in

[1] *Défense de M. de Chanvalon*, page 245.

Décembre (1764.

tendant, faisait saisir tous ses papiers, et réunissait les témoins qui se présentaient pour déposer contre lui. Au dire de M. de Chanvalon, le chevalier Turgot aurait fait battre la caisse pour inviter publiquement ceux qui auraient quelques plaintes à porter contre l'intendant à les lui adresser[1]. M. de Chanvalon fait plus : il accuse[2] le gouverneur et ses officiers d'avoir « offert de l'argent pour faire « déposer contre lui. » Cependant les effets et le mobilier de l'intendant avaient été saisis pour garantie du remboursement des concessionnaires. Soit par négligence, soit par calcul coupable, M. de Chanvalon n'avait point tenu registre de leurs dépôts. Il avait donné reconnaissance des sommes reçues ; il reprenait ces reconnaissances et les détruisait après le remboursement. Il est possible que des émigrants cupides aient voulu exploiter à leur profit ce désordre dans la comptabilité, en réclamant ce qu'ils n'avaient pas versé ou ce qui leur avait été restitué.

D'un autre côté, il était facile aux accusateurs de M. de Chanvalon de tourner ces faits à son désavantage, et d'y trouver des preuves de concussion. Une procédure criminelle fut donc intentée à Caïenne contre l'intendant. Il était accusé : d'avoir détourné les fonds des concessionnaires ; d'avoir dépouillé les héritiers naturels de certaines successions vacantes : d'avoir abusé des effets et deniers du roi ; d'avoir fait un commerce illicite en prenant intérêt dans les fournitures du roi. Deux chefs de l'accusation intentée contre lui portaient sur son administration civile et religieuse et sur le traitement et l'établissement des colons.

Chefs d'accusation
contre
l'intendant.

[1] *Défense de M. de Chanvalon, page 216.*
[2] *Ibid. page 217.*

Décembre 1764.

Rigueurs
de M. Turgot
l'égard de l'accusé
et de sa famille.

Pendant l'instruction de cette procédure, l'intendant fut tenu au secret. M. Turgot agissait, du reste, à son égard avec tant de violence, qu'il refusa même de donner acte des différentes réquisitions formées par le prévenu, et que ses procédés envers madame de Chanvalon prirent le caractère d'une véritable persécution[1].

Janvier, février
et mars 1765.

Administration
de M. Turgot.

Ce fut seulement après avoir assuré la détention de l'intendant, et après avoir réuni les éléments de son procès, que le gouverneur songea à ses instructions. Elles lui prescrivaient plusieurs mesures qu'on avait jugé propres à relever la colonie et à réparer ses maux. M. Turgot voulut au moins paraître en faire exécuter quelques-unes. Il chargea son aide de camp, le chevalier de Balzac, de faire

Recensement
incomplet.

le recensement de la population du Kourou. Ce recensement fut commencé le 10 janvier 1765. M. de Chanvalon n'avait laissé aucun registre, aucune note qui indiquât, soit le nombre exact des colons venus de France, soit le chiffre précis des cultivateurs établis tant aux îlets du Salut, qu'au camp de Kourou et sur les concessions le long de la rivière. On compta 918 survivants; il fallut s'en rapporter aux témoignages pour évaluer le nombre des morts. L'enquête à laquelle dut se livrer le chevalier de Balzac aboutit à constater le décès de 1,143 individus seulement. D'après ce résultat, le chiffre de la population débarquée à la nouvelle colonie ne se serait pas élevé à plus de 2,361 personnes. Le relevé du chevalier de Balzac est donc évidemment très-incomplet[2].

[1] *Défense de M. de Chanvalon*, *page 217.*

[2] Nous avons constaté, d'après les documents officiels, que près de 5,000 colons avaient été transportés au Kourou. Nous avons vu que M. de Chanvalon

Cet officier, d'après le recensement particulier qu'il fit des habitants établis sur les concessions, constata l'existence de 97 individus et la mort de 1,089. Ce fut donc parmi les malheureux concessionnaires et les cultivateurs, qu'on avait voulu soustraire à l'épidémie du camp, que la mort fit les plus grands ravages. Sur l'habitation de Passoura on trouva 8 hommes vivants, tandis que 350 colons environ y avaient été placés[1]. Le sieur de Balzac dit au reste : « Nous ne com-« prenons pas les existants sur la rivière au nombre des « habitants du Kourou. Le triste état où nous les avons « trouvés ne nous permettant pas d'espérer, supposé qu'ils

lui-même porte à 9,000 individus des deux sexes le nombre des émigrants amenés dans la nouvelle colonie. M. Malouet, dans son ouvrage intitulé : *Mémoires et correspondances officielles sur l'administration des colonies*, tome Ier, page 6, fait monter à 14,000 le nombre des individus qui furent conduits au Kourou. Combien donc de familles s'éteignirent sans laisser tracé de leur existence ; combien d'individus isolés périrent, sans que le souvenir de leur mort fût conservé dans la mémoire de personne !

Le nombre des cultivateurs établis sur les concessions n'aurait pas dépassé, suivant le recensement, 1,186 personnes ; mais ce chiffre est tout au plus approximatif. En effet, comment aurait-il été possible de constater exactement le chiffre des morts sur des habitations désertées par les survivants, comme celle du sieur Mallard ? La plupart du temps c'est par le compte des fosses nouvellement ouvertes, que le sieur de Balzac évalua le nombre des morts. Au reste, on ne s'étonnera pas de l'inexactitude des calculs de cet officier, s'ils furent faits avec la révoltante légèreté que M. de Chanvalon lui reproche ; légèreté qui semble attestée par le fait suivant emprunté textuellement à la défense de l'intendant : « Le verbal du sieur Balzac énonce que, sur l'habita-« tion de M. Marcenay, on a trouvé une femme qui a remué deux fois le bras. « Ce signe funeste effraya et n'émut pas. On ne tenta aucun secours. Cette vic-« time fut abandonnée au milieu des cadavres qui l'entouraient. » (Voir, quant à l'objet de cette note, la *Défense de M. de Chanvalon*, page 253 et passim, et le *Recensement général des habitants du Kourou.*)

[1] *Recensement général des habitants du Kourou.*

anvier, février
et mars 1765.

« se rétablissent, qu'ils puissent jamais rendre aucun ser-
« vice à la colonie [1]. »

Les colons
qui survivent
sont oubliés.

Il paraît que M. Turgot, en débarquant à Caïenne,
ajouta à la série de ses fautes celle d'oublier les malheureux colons répandus sur les concessions [2]. M. de Chanvalon mis en prison, les employés de la colonie qu'affectait
plus ou moins la disgrâce de leur chef, et qu'effrayaient
les menaces générales du gouverneur, abandonnèrent les
devoirs qui leur étaient confiés. Le soin des malades fut
négligé, les approvisionnements furent suspendus; ce fut
une désorganisation complète. Les vivres ne venaient plus
au magasin, et, s'il en restait encore, il ne se trouva plus
personne qui voulût ou qui osât les distribuer et les faire
parvenir sur les concessions. Depuis le 25 décembre jusqu'au moment où l'opération du recensement conduisit
M. de Balzac sur les bords de la rivière, les colons qui y
avaient été déposés restèrent privés de tout secours. Dans
cet intervalle, il en périt un plus grand nombre peut-être
que dans les six mois qui avaient précédé.

tour en France
des
grants échappés
ux désastres
a la colonie.

Il est superflu d'insister sur le découragement qui s'é-
tait emparé des rares colons dont la robuste constitution
avait résisté à la misère et à l'épidémie. Ils demandaient
à retourner en Europe. M. Turgot accueillit cette demande et permit que les restes de l'expédition fussent em-
barqués et ramenés à Saint-Jean-d'Angély, d'où ils étaient
partis.

Prodigalités
gouverneur.

Alors le gouverneur pensa qu'il avait rempli sa tâche. Il
écrivit au ministre dès le 15 janvier 1765, c'est-à-dire vingt-

---

[1] *Recensement général des habitants du Kourou.*
[2] *Ibid.*

cinq jours après son arrivée, qu'il se préparait à repasser en France. D'autres soins le retinrent pourtant pendant près de trois mois. D'abord il acheta pour le compte du roi l'habitation des jésuites, et y plaça une cargaison de nègres de traite, mesure en plein désaccord avec ses instructions, qui prescrivaient de n'affecter que des blancs à l'œuvre de la colonisation. Puis il distribua des retraites, pensions et gratifications à ceux dont il voulait récompenser le dévouement à sa personne. A M. de Behague, qui n'avait que 12,000 francs d'appointements, il donne 40,000 francs; 24,000 francs à M. de Fiedmond; 15,000 francs à M. de Macaye; 64,000 francs à M. Morisse; 6,000 francs d'appointements à un médecin qui n'en avait que 2,000 : il étend sa libéralité à des gens qui n'avaient d'autres titres que de lui être attachés [1]. Pour sa part, M. Turgot avait reçu, avant de quitter Paris, 100,000 francs d'appointements et 100,000 francs de gratification. Le document officiel auquel nous empruntons ces détails [2] constate que le gouverneur seul avait coûté à l'État plus de 225,000 francs.

Les instructions remises à M. Turgot avant son départ de France, supposant la possibilité du rappel de M. de Chanvalon, désignaient M. Morisse pour remplir provisoirement les fonctions d'intendant général de la colonie. Mais l'ordonnateur avait montré une hostilité trop grande contre l'intendant pour que son témoignage ne fût pas précieux au gouverneur. Ce dernier se décida, en conséquence, à ramener M. Morisse en France, en qualité de témoin à

---

[1] *Résumé de toute l'administration de M. Turgot avec l'avis du rapporteur et des commissaires.*

[2] *Ibid.*

charge dans l'affaire de M. de Chanvalon. M. de Macaye fut nommé pour exercer la charge d'intendant.

M. Turgot quitta Caïenne le 5 avril 1765. Pendant son séjour dans la colonie, le ministre lui avait adressé l'invitation formelle de rester à son poste. Les communications avec la Guyane étaient si rares à cette époque, que la lettre ministérielle était encore à Rochefort quand le gouverneur entra dans le port; c'est là seulement qu'elle lui fut remise.

Le retour subit de M. Turgot et la nouvelle des mesures qui avaient marqué sa courte administration furent accueillis par le Gouvernement avec une indignation tardive. On reconnut alors quelle faute on avait commise en confiant à un tel homme de si vastes pouvoirs, et en l'investissant d'une si grande responsabilité. En même temps qu'on instruisait le procès de l'intendant, dont l'arrivée en France avait suivi de près le retour du gouverneur, on nomma une commission pour examiner la conduite de M. Turgot.

Cette commission donna son avis dans un résumé dont nous citerons ici quelques passages, pour donner le poids d'un jugement officiel à l'appréciation du caractère et des actes de ce fonctionnaire. « On lui confie une administration « immense, une administration de premier ordre avec la « plénitude de pouvoir la plus grande. Votre Majesté le « comble de tant de bienfaits qu'il semblerait qu'elle eût « voulu anticiper sur les récompenses qu'elle était persuadée « que la sagesse du gouverneur lui mériterait un jour. Et « comment M. Turgot y a-t-il répondu? Il est un temps « considérable à s'embarquer; il passe, à Rochefort, des « marchés d'approvisionnements considérables sans per-

Janvier, février
et mars 1765.

« mission, sans besoin, et même contre les ordres qui lui
« ont été donnés; arrivé dans la colonie, il écrit le quin-
« zième jour qu'il veut en partir, et cette lettre est la seule
« qu'il ait écrite pendant le court séjour qu'il a fait à Caïenne,
« par laquelle il ait instruit le ministre d'un coup d'autorité
« aussi grand que celui de la détention de l'intendant. Le
« ministre, inquiet de ce silence, dont Votre Majesté lui
« marquait chaque jour son étonnement, se détermine à
« lui proposer d'y faire passer le baron de Bessner en qua-
« lité d'inspecteur; il écrit en même temps au gouverneur
« que ce n'était pas la peine d'aller à Caïenne pour ne faire
« qu'arrêter M. de Chanvalon et s'en revenir ensuite avec
« lui, et qu'il compte qu'il aura changé d'avis sur le retour
« précipité qu'il lui annonce; les lettres de M. le duc de
« Choiseul et le baron de Bessner trouvent M. Turgot
« débarqué à Rochefort. Les trois mois que ce gouverneur
« reste dans la colonie, il les passe à Caïenne, sans sortir
« et sans remplir aucun point de ses instructions; son
« administration n'est qu'un tissu d'irrégularités et d'im-
« péritie. Il prodigue les fonds de Votre Majesté par une
« immensité de dépenses défendues, telles qu'avances, dou-
« blement de solde, gratifications, retraites, etc.; il ren-
« voie en France les habitants qui avaient échappé à l'épi-
« démie, et les seuls qui pussent relever la colonie. Enfin il
« les suit lui-même trois mois après son arrivée, en rame-
« nant le sieur Morisse; en créant, sans en avoir le droit,
« un intendant, à qui il donne des gratifications et des ap-
« pointements assez peu mesurés; et les deux dernières
« opérations qui précèdent son retour sont deux acquisi-

Janvier, février
et mars 1765.

« tions aussi dispendieuses pour Votre Majesté qu'inutiles
« à l'État [1]. »

La commission concluait, en conséquence, que M. de
Turgot pouvait être regardé comme un criminel d'État [2]
et méritait une peine sévère. Elle ajoutait que, si M. de
Chanvalon avait été jugé en justice réglée ou par commission, comme probablement il s'en serait suivi des
peines corporelles, ou du moins afflictives, celle qui eût été
imposée au sieur de Chanvalon eût été celle qu'aurait dû
subir le chevalier Turgot. En ce moment l'ancien intendant
était détenu au Mont-Saint-Michel, et la phrase précédente,
empruntée au rapport de la commission, fait supposer qu'il y
avait été renfermé par l'effet de la seule volonté royale. On
avait, sans doute, jugé à propos de soustraire le coupable
au scandale et aux suites d'un procès régulièrement instruit.
Cette détention extrajudiciaire ne pouvant servir de règle aux
commissaires, il leur semblait que l'exil devait être la peine
de la mauvaise administration de M. Turgot. Quelques-uns
voulaient que ce châtiment fût précédé d'une détention
dans une citadelle. Le résumé contient la désignation des
trois membres de la commission qui avaient voté pour cette
aggravation de peine : c'étaient MM. de Viarmes, de Boishes
et le rapporteur. Rien n'indique quelle suite a été donnée
à ces conclusions.

Quelques émigrants, qui, après avoir échappé à tant de
désastres, avaient consenti à rester à la Guyane, furent

M. de Chanvalon
enfermé
au
Mont-Saint-Michel.

---

[1] Résumé de toute l'administration de M. Turgot, avec l'avis du rapporteur et
des commissaires.

[2] Ibid.

établis à Sinnamari. Ils furent rejoints par les restes de plusieurs expéditions postérieures. Il ne resta donc, en quelque sorte, aucun vestige de la colonisation tentée sur la rivière du Kourou.

Telle fut l'issue de cette expédition.

Aucune immigration n'a eu lieu depuis lors dans cette partie de la Guyane. Le quartier du Kourou comprend aujourd'hui une population composée de 310 libres blancs ou de couleur, et de 650 esclaves.

Janvier, février et mars 1765.